SUR LE BANC

L'auteur et les éditeurs déclarent réserver leurs droits de reproduction et de traduction en France et dans tous les pays étrangers, y compris la Suède et la Norvège.

Ce volume a été déposé au ministère de l'intérieur (section de la librairie) en juin 1896.

OUVRAGES DE MAURICE TALMEYR.

Le Grisou. (Chez Dentu.)
Vierge sage. (Chez Dentu.)
Les Gens pourris. (Chez Dentu.)
La Cormière. (Chez Charpentier.)
Les Possédés de la Morphine. (Chez Plon, Nourrit et Cie.)
Sur le banc. 1re série. (Chez Genonceaux.)
Sur le banc. 2e série. (Chez Plon, Nourrit et Cie.)

THÉÂTRE

Entre Mufles, comédie en cinq actes. (Chez Plon, Nourrit et Cie.)

MAURICE TALMEYR

SUR LE BANC

IMPRESSIONS ET PORTRAITS D'AUDIENCE

(3ᵉ SÉRIE)

Couverture par J.-L. Forain

PARIS

LIBRAIRIE PLON

E. PLON, NOURRIT ET Cⁱᵉ, IMPRIMEURS-ÉDITEURS

RUE GARANCIÈRE, 10

1896

Tous droits réservés

LE MONDE CRIMINEL

Quand on suit, avec assiduité, les audiences de la police correctionnelle et de la Cour d'assises, certains groupements d'observations se font bientôt dans l'esprit, certaines remarques s'y généralisent, et l'on se pose d'abord cette question :

— Existe-t-il vraiment un « type criminel », dans le sens où l'entend une école très à la mode, et la vieille théorie de la « bosse du crime » est-elle, ou semble-t-elle justifiée? Est-on criminel, en un mot, comme nous le démontrerait la science, en raison d'une conformation physique déterminée?

La question est peut-être simple pour la science, mais ne l'est guère pour le sens commun, et réclame déjà, à ce second point de vue, avant même qu'on essaye de la résoudre, certaines distinctions élémentaires. Appellerons-nous un criminel quiconque aura commis un acte qualifié crime par la loi? Si nous définissons ainsi le criminel, nous sommes immédiatement obligés de reconnaître que tous les chemins peuvent mener au crime, et que tout le monde peut y arriver. Toute grande passion, tout vice violent, toute idée fixe, toute surexcitation accidentelle excessive, tout intérêt trop considérable, toute conscience trop vive et trop absolue de notre devoir ou de notre honneur, pourront nous porter à un crime. Un père ou une mère de famille, à tel degré d'amour pour leurs enfants, consentiront à des actes pour lesquels on va au bagne. Un inventeur, un savant, un fanatique, fascinés par leur but, passeront par un crime pour l'atteindre. L'école à la mode a-t-elle donc catalogué les innombrables manières de tomber ainsi dans le crime? L'anatomie du criminel par avarice est-elle l'anatomie du criminel par lubricité? Celle du criminel par misère ressemble-t-elle à celle du criminel par ambition, et la misère, l'avarice, l'ambition, la lubricité, ne peuvent-elles pas naître ou grandir fortuitement? A-t-on, enfin, dressé l'état de tous les criminels qui échappent ordinairement à l'observation et passent dans la vie, salués et honorés, sous d'honnêtes et bonnes figures? Le criminel, si on le comprend de la sorte, est évidemment l'homme lui-même, et son « type » est simplement le type humain ; il ne caractérise rien.

Et nous voilà mis en demeure, avant d'aller plus loin, de ne considérer le criminel que dans une de ses catégories, dans la clientèle ordinaire des tribunaux chargés de tenir les malfaiteurs en respect. Mais, ici encore, et même dans cette catégorie-là, allons-nous trouver le « type », ce type dont on nous parle, et qui implique nécessairement une prédestination naturelle, une fatalité anatomique? Nous voyons bien, à vrai dire, quelque chose qui pourrait à la rigueur y ressembler, mais rarement, dans un très petit nombre de cas, et tout ce que nous remarquons de sérieux et de précis, de véritablement indiqué, ce n'est pas un « type » à côté du type humain, mais plutôt un « monde » à côté du monde normal. Le « type », dans la vie et la pratique, ne semble guère qu'une vision de savant, une hypothèse de docteur; mais le « monde », par contre, existe réellement, on le constate, et il n'y a pas que des criminels, mais encore un monde criminel, une classe particulière en dehors des autres classes, une sous-société au-dessous de la société. Il y a, selon le mot prudhommesque, une « armée du mal », avec cette restriction qu'elle n'a rien d'une armée proprement dite.

Dès qu'un inculpé n'est plus un enfant, il est généralement un récidiviste. La clientèle de la police commence jeune, et se révèle, d'ordinaire, entre quinze et vingt ans. Quand les prévenus ou les accusés comparaissent pour la première fois entre leurs gendarmes, ils ont l'air, neuf fois sur dix, d'écoliers arrivés là pour passer un examen. Aussitôt qu'ils prennent un peu de barbe, on est presque certain de leur trouver un dossier. Supposez-les grisonnants, et le dossier s'allonge en nomenclature. Le crime est donc une carrière. On y débute, on y persévère, on y vit, on y meurt, et l'on y est même souvent un enfant de la balle. C'est donc bien aussi un monde, par conséquent, et avec tout ce qu'il faut pour le particulariser : tempéraments, éducation, existence, préoccupations à part ; analogie ou communauté d'idées, de vie, d'instincts, de goûts, entre ceux qui le constituent.

N'est-il pas très remarquable que les crimes les mieux expliqués et les plus clairs contiennent toujours, malgré tout, un point mystérieux, quelque chose de moralement incompréhensible pour nous? Si avoués qu'on les suppose, si complète et si lumineuse que soit l'enquête, la disproportion entre le mobile et l'acte y surprend toujours. Rien n'est dérisoire, en général, comme le motif ou l'enjeu pour lesquels un criminel risque les travaux forcés ou la guillotine. Certaines entreprises de haut cambriolage échappent à cette loi de la disproportion, mais pour des raisons de circonstances, et la disproportion, dans la plupart des cas, n'en reste pas moins la loi. Le malfaiteur, en résumé, déploie une énergie considérable, une audace extraordinaire, brave des dangers inouïs, risque sa vie, pour quelques francs. Est-ce l'effet d'une folie spéciale provoquée par la misère, la faim, le besoin de pain, l'excès et l'exaspération de la souffrance? Allez à l'audience de la Cour d'assises, et vous y verrez sans doute des malheureux dignes de pitié, mais vous y trouverez le plus souvent des accusés qui auront dévalisé un appartement ou assassiné une vieille femme, parce qu'ils voulaient s'amuser, et qu'il leur manquait un louis! Comment comprendre l'acte insensé qu'est le vol avec effraction, ou l'acte effroyable qu'est le meurtre, pour un mobile aussi mince? En vertu de quelle inconcevable organisation cérébrale peut-on avoir l'idée de moyens aussi disproportionnés avec leur objet? C'est justement là qu'est le mystère, en cela que consiste l'énigme par laquelle le crime le plus simple nous intrigue profondément. Avant, et par-dessus tout, nous y sentons une incohérence. Et cela est si vrai qu'il paraît même ne résider que dans l'incohérence, qu'elle en est comme le centre et le nœud, et que là où elle disparaît, là où il y a proportion, comme dans certains crimes d'état ou certains drames de famille, le crime n'en est pour ainsi dire plus un. La violence, la brutalité, le vol, le sang, le massacre y sont toujours, mais le crime lui-même n'y est plus comme il y serait autrement. Il cesse d'en être un parce qu'il s'explique.

Le propre du crime, en définitive, est donc bien de se produire en vertu d'une psychologie qui nous échappe, et, si cette psychologie nous échappe, c'est évidemment que le criminel représente une humanité qui n'est plus la nôtre. C'est qu'il n'est plus un homme de conscience normale et forme, par conséquent, avec ses semblables, puisqu'il en a, et qu'il s'entend avec eux, une sorte de population qui n'est pas non plus une population ordinaire. Et n'est-ce pas aussi parce que les criminels sont *autres* que nous, parce que leurs actions nous révèlent une sphère morale exceptionnelle, que ces êtres humains de chez qui l'homme social a disparu, nous inspirent une aussi classique et aussi incorrigible curiosité? On la déclare fâcheuse et malsaine; elle n'est que naturelle, et restera même éternelle. Elle ne va pas jusqu'à prouver que le criminel provient d'un « type », mais elle indique au moins qu'il constitue un monde.

※
※ ※

Et comment, alors, si le criminel ne provient

pas d'un type, ce monde du crime se forme-t-il? N'en est-on pas vraiment quelquefois par une réelle prédestination de nature, ou n'y vient-on jamais que librement, par une déchéance graduée? Ici encore, il faudrait beaucoup distinguer. Il y a certainement des monstres pour qui la prédestination de nature existe, ou semble exister, mais ils sont des monstres, c'est-à-dire des exceptions, et le monde du crime, en somme, se recrute à peu près uniquement par la perversion, dont les causes sont infinies.

La plus fréquente et la plus connue est l'éducation. L'enfant de parents criminels, élevé dans la prostitution et le vol, dans ce monde même du mal où il n'aura même pas à tomber, ou simplement livré aux fréquentations de la rue, cet enfant-là est tout naturellement destiné au crime. A tous les degrés, ensuite, et dans tous les mondes, une éducation vicieuse, quelle qu'elle soit, pourra produire des criminels. Ils partiront des points les plus opposés, mais arriveront tous à ces résultats moraux qui témoignent de cérébralités stupéfiantes. Le jeune Berland, fils d'une porteuse de journaux voleuse et débauchée, finit par assassiner une vieille femme pour lui voler quelques sous, et le jeune Bruneau, fils d'une paysanne aisée et rapace, élevé chez les prêtres et destiné lui-même à l'état ecclésiastique, finit par assassiner le curé dont il est vicaire. Nés tous les deux dans des sphères différentes, mais tous les deux orientés vers le crime, ils aboutissent l'un et l'autre au même acte monstrueux, dont la psychologie nous déroute également chez le rôdeur et chez le vicaire. L'éducation criminelle, le crime appris dès l'enfance, comme on apprend en le parlant le patois natal, voilà donc déjà un genre de perversion, et le plus banal, le plus infaillible, et peut-être, cependant, le moins inquiétant de tous, parce qu'il est le mieux défini.

L'état d'esprit criminel se réduit, en résumé, à un détraquement, et tout criminel est un détraqué. Il l'est ordinairement par sa faute, il est coupable de l'être, il veut l'être, mais le détraquement n'en est pas moins évident, et le fait seul de violer la loi morale, comme on la viole dans un crime, prouve une rupture et un déséquilibrement. C'est là une vérité si bien admise, qu'un crime, d'après l'opinion universelle, n'est jamais un début, mais le résultat de toute une gradation d'immoralités, ou d'une détérioration de la conscience. Or, si le crime provient ainsi d'une détérioration ou d'un trouble, d'une cassure ou d'une lésion, tout ce qui troublera ou cassera le moral risquera aussi de l'amener au crime, et rien n'est, en effet, moralement funeste, rien n'est détériorant, et rien ne pervertit, comme certains malheurs privés, comme certaines catastrophes publiques. Une ruine qui jette dans la gêne une famille riche, et fait succéder, pour elle, la vie de luxe et d'apparat, à l'hôtel et au château, à la vie serrée et pauvre, le petit logement triste, une place de commis pour le père, une autre pour le fils, et la nécessité pour la mère et la fille de donner des leçons, une pareille ruine perd et pervertit très souvent ceux qu'elle atteint. Elle brise en eux le ressort moral, détruit ou exacerbe leur sensibilité et les prépare, en les détraquant, à toutes les déchéances. Vous aviez connu des gens honorables; vous retrouvez des gens dégradés. Attendez encore quelque temps, laissez la vie les corroder encore, et vous retrouverez peut-être un jour le père ou le fils, la mère ou la fille, au banc des voleurs ou des prostituées, avec l'inexplicable façon de voir et de sentir des criminels. Et il en sera de même d'une guerre ou d'une débâcle sociale, d'une invasion ou d'une révolution, du démembrement ou du bouleversement d'un pays. Ce sont là des secousses, et qui ne vont jamais sans briser bien des consciences. On voit la fragilité de ce qu'on avait cru solide, la disparition de ce qui semblait éternel, la réalisation de ce qui paraissait impossible, la faiblesse de certaines forces, le mensonge de certains principes. Le coup est trop fort, et la lésion en résulte. Le nombre des démoralisés grossit, leur monde augmente, et il y aura encore quelques criminels de plus.

Cherchez d'où vient l'étrange et lugubre sous-société qui défile devant les tribunaux criminels, et vous y verrez, à côté des enfants de la rue, des enfants de familles tombées. Ils ont fini par rouler jusqu'à la boue. Lisez les statistiques, et vous y constaterez toujours un surcroît de population criminelle à la suite des grands ébranlements sociaux. On ne vit jamais autant de brigands qu'après la Révolution, et nous vivons, depuis vingt-cinq ans, dans une trépidation politique et morale où le nombre des malfaiteurs se multiplie chaque année. Le chiffre des naissances ne cesse pas de baisser, et celui des crimes de monter. Nous produisons toujours de moins en moins d'enfants et de plus en plus de criminels. Nous représentons à la fois le détraquement par la stérilité et la criminalité, et l'on pourrait presque pronostiquer, si rien ne devait survenir, la fin de la civilisation française à vingt ans près. On pourrait fixer le quart de siècle où les puissances voisines n'auraient même plus à nous envoyer leurs armées, mais simplement leurs gendarmes.

En dehors de l'éducation, la *secousse* est donc le grand agent de perversion, et le plus troublant, le plus mystérieux. Les gens violents ne savent pas combien la violence est immorale, uniquement parce qu'elle est la violence, et combien le calme est honnête, uniquement parce qu'il est le calme. Le bonheur lui-même est à fuir, quand il est trop foudroyant, et l'enrichissement trop inattendu ne vaut souvent guère mieux que la ruine. Secousse, le gros lot que le domestique ou le petit commis gagnent à la loterie; secousses, le jeu, l'alcoolisme, le vice; secousses, les existences faites de hauts et de bas, les troubles intimes, les émotions d'argent, les tragédies de famille, les déboires, les chagrins, les maladies.

Tout cela désagrège, ébranle, corrode, disloque, d'un coup ou peu à peu, et produit dans l'esprit ces sensations anormales, ces conceptions étranges qui finissent, à un certain degré, par produire elles-mêmes le crime, et constituer le criminel. Et jamais aucun temps n'a été plus systématiquement *secoué* que le nôtre. Il l'est par la politique, par les affaires, les spéculations, les courses, les mœurs, le divorce, la pornographie, la folie des idées, la folie des ambitions. Nous sommes continuellement secoués pour le crime par une divinité malfaisante.

Le criminel, s'il n'était pas inexact d'en faire une race, pourrait se diviser en deux espèces, et nous apparaît, en effet, sous deux aspects : le criminel par absence de sensibilité morale, et le criminel par exaltation de cette même sensibilité, l' « anesthésié » et l' « hyperesthésié ».

Vous voyez, devant vous, un être qui vous semble de bois ou de pierre. Il a commis les plus atroces cruautés, les immoralités les plus exorbitantes, les scélératesses les plus horribles, et

Étudiez bien un criminel, et vous y reconnaîtrez la plupart du temps un satyriaque. Le plus froid d'entre eux s'échauffe et s'allume à ce feu-là, et l'on n'arrive même à expliquer beaucoup de crimes qu'en s'y éclairant par des hypothèses de sadisme. Les pratiques dépravées ou contre nature semblent dériver de la même aberration que les actes antisociaux, et le condamné à mort qui marche pourri à la guillotine est presque devenu classique.

Et qui dira jamais l'hypocrisie savante, exercée, toujours prête, inépuisable, insondable, du criminel? Qu'il reste impassible ou sanglote, il ment, et, même sincère, il vous trompe. Même en avouant, il n'avoue pas. Il avoue à côté, au delà, en deçà; jamais il n'avoue juste. Il n'existe pas de comédien comparable à lui, et cet être qui viole les lois, comme s'il y était inconscient, redevient ensuite merveilleusement conscient, dès qu'il s'agit d'échapper à l'effet de ces lois. Il y déploie une souplesse, une finesse, un art surprenants. On se complaît à parler des innocents qui sont victimes de la justice; sait-on le nombre des coupables dont la justice est victime, et dont le juge d'instruction, malgré tout son pouvoir, ne parvient à déjouer ni la patience, ni la ruse? Obligé de se cacher continuellement, de dépister les agents, d'éviter les témoins, de prendre de faux noms, de jouer des personnages, le criminel n'est jamais, et ne peut jamais être sincèrement lui-même. Deux voleurs, même en n'ayant pas l'intention de voler, se suivront dans la rue sans avoir l'air de se connaître, tout en se connaissant fort bien, et ceci par habitude, par profession. Qu'on les arrête, qu'on les déshabille pour les fouiller, et chacun d'eux n'aura ni sa casquette, ni sa chemise à lui; il aura celles d'un camarade qui, pendant ce temps-là, portera les siennes. On a vu la facilité avec laquelle un accusé pleure et sanglote; on n'imagine pas comme il sait aussi se donner l'air de l'innocence, dire ce qu'il faut dire, se taire où il faut se taire, être gauche où il est bon de l'être, se cacher la figure à la comparution de sa victime, ou tomber sur son banc dans une explosion de honte à l'entrée de son père ou de sa mère, qui sont peut-être aussi des coquins, et, tout cela, pour lâcher finalement à l'oreille du gendarme un mot obscène ou patibulaire, une fois l'audience terminée! C'est un acteur, et un acteur consommé, qui joue un rôle en scène, qui en joue encore un dans la coulisse, et passe de la gloire d'avoir attendri la salle à celle de faire rire les machinistes.

* * *

Détraqué, aberré, comédien, le criminel est nécessairement aussi un grotesque, et c'est encore là l'un de ses aspects. On le revoit presque toujours sous la figure de quelqu'un de baroque et de falot, d'un pittoresque intense, d'une violence burlesque spéciale. L'humanité normale est déjà elle-même un prodigieux grouillement de grimaces, mais l'humanité criminelle exagère encore la grimace humaine. Le comique, d'ailleurs, résulte, en fait, d'une disproportion, et le crime, nous l'avons vu, est lui-même une disproportion. On serait donc, à certain point de vue, comique et criminel pour les mêmes raisons, et les deux, logiquement, arriveraient ainsi à se confondre en théorie comme ils se confondent dans la pratique. Rien ne promet d'être sinistre comme ces affaires horribles où il y a du sang et des cadavres, et rien, cependant, n'est plus semé de mots, d'incidents et de situations auxquels un rire irrésistible se mêle à chaque instant à l'angoisse. Et puis, en dehors de toute analyse, au-dessus de toute explication, le fait est là, patent, péremptoire, et rien n'est aussi fréquemment bouffon qu'un gredin. Personne n'a aussi souvent que lui la physionomie bizarre, la figure balafrée, la bouche tordue, l'œil louche, le visage de travers, et l'esprit qui convient à cette physionomie. Le criminel, au fond, n'est qu'une caricature, caricature morale, et caricature physique.

*
* *

S'il y a des conclusions à tirer, — et il y en a, — des observations *in animâ vili*, — c'est le cas de le dire — qui se font ainsi à l'audience des tribunaux criminels, la première, avant toute autre, est bien, comme nous le posions d'abord, qu'il n'existe pas, d'une façon régulière et positive, de « type criminel ». On peut être perverti enfant, perverti à la mamelle, destiné à la perversion, mais c'est encore là de la perversion, et le véritable criminel de naissance, le vrai criminel naturel, ou n'existe pas, ou n'existe qu'à l'état de monstre. Si jeune qu'on devienne criminel, et le devînt-on en apprenant à marcher, on le devient. Les criminels, il est vrai, ont des physionomies spéciales, particulièrement et fortement marquées; mais ces « physionomies », loin de prouver le « type », en sont, au contraire, la négation formelle. Le « type », c'est le résultat moral du physique, tandis que la physionomie est le résultat physique du moral, et rien, effectivement, n'est plus ordinaire que la transformation physique d'un individu par sa vie, ses idées et ses préoccupations. Une enfance affamée, battue, vicieuse, d'où proviennent des accidents nerveux; une existence consacrée à des actes et à des projets défendus; l'habitude de guetter les passants, de fuir la police, de se cacher, de rôder, tout cela ne peut-il et ne doit-il pas mettre quelque chose dans une figure? Le prêtre, l'artiste, le savant, le magistrat, le boursier, le militaire, prennent, dans leur vie spéciale, la physionomie du boursier, du soldat, du juge, de l'artiste et du prêtre. Comment le criminel n'aurait-il pas la sienne? Le militaire et le magistrat sont-ils ce qu'ils sont, en vertu d'une « conformation » ? Pourquoi le criminel serait-il ce qu'il est en vertu d'un « type » ?

On pendait, ces temps-ci, aux États-Unis, un docteur Holmès atteint de la manie de l'assassinat. Holmès, avant de mourir, écrivait sa confession; et qu'y lisait-on? Écoutez : « Tous les
« criminalistes qui m'ont examiné, déclare-t-il,
« semblent être unanimes dans l'opinion *que les*
« *symptômes caractéristiques du crime ne se sont*
« *développés chez moi que depuis mon arrestation.*
« Il y a deux ans, j'ai été examiné minutieu-
« sement par quatre hommes très capables qui
« ont déclaré que j'étais un individu *sain et nor-*
« *mal mentalement et physiquement. Aujourd'hui,*
« *j'ai tous les attributs d'un dégénéré, d'un idiot*
« *moral. Ne serait-il pas possible que le crime, au*
« *lieu d'être la résultante de ces conditions anor-*
« *males, fût en réalité la cause de la dégénéres-*
« *cence?* Même à l'époque de mon arrestation,
« en 1894, aucune défectuosité n'était sensible
« en moi, lorsque je fus soumis au système de
« mensuration Bertillon. Mais plus tard, et plus
« particulièrement dans ces derniers mois, ces
« défectuosités se sont accentuées avec une ef-
« frayante rapidité, comme j'ai pu m'en con-

« vaincre par les examens successifs que j'en ai
« faits moi-même, au point que je suis recon-
« naissant que l'on ne me donne plus une glace
« pour constater ma dégénérescence rapide. La
« nature, toujours bonne, procède en cela comme
« dans les autres formes de la folie où le malade
« se croit lui-même toujours sain. Les princi-
« paux défauts physiologiques qui se sont ainsi
« développés en moi, et qui sont tous des signes
« reconnus de dégénérescence, consistent en une
« proéminence sensible d'un côté de la tête et
« une dépression correspondante de l'autre côté,
« en une défectuosité marquée du côté du nez et
« d'une oreille et un développement anormal de
« l'autre côté et de l'autre oreille; une diffé-
« rence d'un pouce et demi dans la longueur de
« mes bras ainsi que dans celle de mes jambes
« depuis le genou jusqu'au talon. J'ai aussi une
« torsion d'un côté du visage et d'un œil, si ac-
« centuée et si terrible, que le romancier Hall
« Caine, bien que je portasse à l'époque toute
« ma barbe afin de la cacher de mon mieux,
« avait écrit que cette partie de mon visage était
« marquée de la ligne profonde du crime et que
« c'était celle d'un démon. Ces particularités

« étaient si apparentes qu'un expert criminaliste
« qui ne m'avait jamais vu auparavant me dit,
« trente secondes après être entré dans ma cel-
« lule : « Je sais que vous êtes coupable! »
Ainsi, Holmès, avant ses crimes, a la figure d'un
homme ordinaire ; après, il ne l'a plus.

*
* *

Quelle que soit l'influence réciproque du physique sur le moral et du moral sur le physique, le criminel aurait donc pu devenir autre qu'il n'est, au milieu d'autres circonstances. Doit-il s'ensuivre qu'il pourra, socialement, redevenir un honnête homme après être devenu d'abord un scélérat? Ici, il faut bien le dire, l'idée d'amender le criminel est généralement chimérique, et, si le type n'existe pas, la nature acquise a force de type. Dès l'instant qu'un enfant naît chez les voleurs, qu'il y demeure, y grandit, voit ce qu'on y voit, entend ce qu'on y entend, apprend ce qu'on y apprend, respire ce qu'on y respire, il est insensé de vouloir faire de lui plus tard un bon ouvrier ou un bon bourgeois. Il sort d'un certain moule, il en a pris la forme, et rien ne lui en donnera une autre. Il pourra être un criminel doux, de nature aimable, plein de bons sentiments à sa façon, et, pour ainsi dire, un honnête criminel, mais n'en sera pas moins un criminel, un être d'une construction morale qui n'est plus la nôtre, d'une cérébralité différente de la cérébralité normale; il aura toujours des sensations et des tentations étranges, et retombera, au premier prétexte, dans l'habitude criminelle. Quittons même l'hypothèse du criminel élevé dans le crime, et supposons-l'y jeté par la vie; il faut se résigner, là encore, à ne voir dans son relèvement qu'une généreuse plaisanterie. On n'arrive pas facilement à l'espèce de dislocation morale que représente l'état criminel, et n'y arrive même pas qui veut, mais on n'en revient plus guère, une fois qu'on y est. L'homme qui n'a plus la conscience élémentaire, l'homme tombé à l'un de ces actes que le sentiment universel qualifie de crimes, cet homme-là ne se redressera plus, humainement parlant. Il n'était pas né cela; il l'est devenu, mais il le restera. L'Écriture veut que le juste « tombe sept fois par jour », et les philanthropes voudraient considérer le criminel comme un juste qui abuse de la permission de tomber. Leur sociabilité les égare, et le criminel, toujours sauf exception, n'a plus absolument rien à voir en ce monde avec les justes, si ce n'est pour leur prendre leur bourse quand ils veulent bien se la laisser prendre.

Si revenu vers le bien que soit l'ancien scélérat, il en sera de lui comme de ces invalides qui n'ont repris l'apparence normale que par des prodiges de chirurgie. Ils marchent comme vous, mangent et digèrent comme vous, mais avec une jambe articulée, un palais d'argent et un ventre en caoutchouc. Le gredin amendé, lui aussi, parle, pense, agit comme un autre, mais en apparence, et, pas plus que l'invalide, n'est l'être naturel qu'il a l'air d'être. Il y a des états moraux d'où l'on ne se relève pas plus que de certains états physiques, et l'histoire de Jean Valjean, si grand qu'en soit l'écrivain, n'en est pas moins, en soi-même, tout ce qu'un grand poète a pu écrire de plus faux. Ah! l'homme qui va au bagne ou qui en revient! Il faut voir la couche de souillure, de fatalité et d'impénitence qu'il a sur lui! Ou c'est un insensible, et il échappe à votre action par son insensibilité; ou c'est un « hyperesthésié », et il vous dupe, là encore, par le dérèglement même de ses nerfs. Il sanglotera à vos exhortations, et l'émotion qu'il en ressentira sera si forte, s'il n'a pas joué la comédie, qu'il en risquera de retomber dans le crime par l'état même de dissolvance où l'aura mis son repentir. Il n'est vraiment plus de ce monde, il en a trépassé, et l'idée de le réhabiliter est presque aussi prodigieusement folle que pourrait l'être celle de ressusciter un mort.

Impuissance de la réhabilitation, mais puissance de l'éducation, telles sont, en somme, la logique et la vérité. Inutiles, les institutions destinées à remettre le criminel dans la voie des vertus sociales, mais incalculablement, puissamment bienfaisantes, toutes celles qui le prendraient avant sa perversion, à l'âge où l'exemple n'aurait pas encore agi ! Il est surtout le produit d'un milieu, et tout le problème est qu'il ne devienne pas ce qu'il ne pourra plus ensuite cesser d'être. La solution s'indique donc ainsi d'elle-même : s'intéresser à l'enfant, et le retirer à temps des milieux délétères. Or, par une incroyable aberration, nous cherchons beaucoup plus à réhabiliter qu'à éduquer. Quand un homme est bien perdu, qu'il a volé, assassiné, commis tous les crimes, il devient alors pour nous l'objet d'un souci tout particulier. Nous lui bâtissons des prisons saines, aérées, confortables, avec des ateliers pour qu'il travaille, des bibliothèques pour qu'il lise, et toutes sortes de règlements, d'aménagements, de combinaisons, constituant une vie pénitentiaire raffinée. Et nous laissons, pendant ce temps-là, corrompre, abêtir et souiller les enfants ; nous permettons aux parents criminels de garder les leurs ; nous tolérons des mœurs et des métiers d'où l'enfant ne peut sortir que gangréné ; nous avons des lois pleines d'insouciance et des jurys pleins d'indulgence pour tout ce qui attente à l'enfant. Rien pour l'enfant, à qui il serait possible de ne pas se pervertir ! Tout pour le criminel, à qui il est impossible de se convertir ! C'est le dernier mot de l'absurde, et pourtant le système suivi. L'éducation pourrait tout ; nous la négligeons. La réhabilitation ne peut rien ; tous nos efforts, tout notre argent, toutes nos ingéniosités y sont consacrés !

Un fléau mérité par la société, c'est à peu près là, en un mot, tout ce que m'a paru le criminel, dans mes stations au Palais, et je voudrais, cependant, avant d'y mettre fin, noter encore ici la singulière impression que m'ont souvent laissée les victimes. A côté de ce monde lugubre, fétide et grotesque des malfaiteurs, elles m'ont presque semblé, dans beaucoup de circonstances, constituer, elles aussi, un monde assez peu digne d'émouvoir. Exceptons les enfants, réservons certains cas, et l'étrange ou sinistre théorie des volés et des assassinés ne vaudra pas toujours la pitié que nous lui accordons. Le voleur et l'assassin volent et assassinent près d'eux; ils opèrent dans ce qu'on pourrait appeler le rayon de leur boue. Nous trouvons un malheureux ou une malheureuse étranglés un matin chez eux, et l'on n'arrive pas à expliquer le meurtre. Ne cherchons pas trop! Il vaut peut-être mieux, pour l'honneur des étranglés, que nous ne trouvions pas. Les crimes les plus fréquents s'accomplissent sur les filles, les avares, les vicieux, les fous, et, même sur les autres, laissent comme une marque de foudre, comme une trace de la colère immanente. Il y a des malades et des infirmes dont les maladies et les infirmités font penser à on ne sait quelle expiation ; il en est de même, dans les meurtres, pour la plupart des victimes. On dirait qu'elles subissent un châtiment, qu'elles payent une dette mystérieuse, et ces morts atroces, ces basses tragédies, n'annoncent pas des fins d'honnêtes gens. On y sent comme une logique et une revanche ; elles accusent quelque chose de pourri dans l'état social, et le criminel semble promener sur sa route comme une espèce de justice.

Maurice TALMEYR.

SUR LE BANC

HISTOIRE D'UNE BANDE

(L'AFFAIRE PANISSE-PASSIS)

On se rappellera longtemps le vol extraordinaire commis chez le marquis de Panisse-Passis. Il rentre dans l'espèce qu'on pourrait appeler les « crimes comiques », et marque, en même temps, un moment social.

C'était en plein Panama, et ce qu'on est convenu d'appeler « le Monde » était, presque chaque jour, indiscrètement visité par la Justice. On apprenait à chaque instant la mise en accusation de quelque ancien ministre, ou quelque perquisition chez un financier ou un baron. Les salons étaient décimés, les cellules remplies de prévenus arrachés à l'Opéra et aux mardis de la Comédie-Française. On ne voyait plus que des coupés devant les prisons et des valets de chambre dans les greffes. C'était un Quatre-Vingt-Treize de papier timbré, une terreur correctionnelle contre la noblesse d'industrie, et un dessin de Forain daté d'alors résume admirablement cette époque.

— *Ma chère,* se disent entre elles avec un mouvement gourmand deux jolies femmes en train de se verser du thé, *ils ont en ce moment à Mazas une petite boule de son!... C'est une vraie merveille avec du beurre!*

Et « le ton », en effet, était à Mazas. On n'était vraiment homme du monde que si on était un peu allé chez le juge d'instruction, ou si on avait eu la police chez soi.

Au plus fort de cette crise qui ne fut jamais qu'une parade, mais qui rendait le gouvernement beaucoup plus populaire qu'on ne le croyait, les concierges d'un hôtel de l'avenue Marceau voyaient se présenter, un soir vers cinq heures, à la petite nuit, une dizaine de personnages qui, entre chien et loup, ne leur parurent pas sans doute trop étranges pour ne rien avoir d'administratif.

— Que demandent ces messieurs?

— M. le marquis de Panisse-Passis, répondait quelqu'un qui avait une parfaite figure de fonctionnaire... M. de Panisse a touché sur le Panama trente mille francs en un chèque acquitté par vous-même qui êtes concierge à son service... Nous venons faire une perquisition, et nous vous arrêtons personnellement.

Le marquis était à Nice avec la marquise, et il n'y avait personne à la maison, mais les perquisitions étaient devenues si ordinaires chez les maîtres qu'elles ne pouvaient plus étonner les domestiques. Ils retrouvaient à chaque instant des noms de connaissance dans les inculpés mentionnés par les journaux, et croyaient toujours se rappeler avoir ôté son paletot à l'un ou à l'autre. Aucune espèce de doute ne vint donc aux deux portiers. Il y avait là un monsieur qui exhibait un mandat d'amener avec ces mots en grosses lettres : *Au nom de la Loi,* un autre à qui son âge donnait un air particulièrement respectable, sept ou huit individus qui se tenaient plus à l'écart, et dont quelques-uns ne paraissaient peut-être pas très « catholiques », mais la presse ne peint pas toujours la police sous des couleurs « catholiques », et tout ce monde était très sérieux, boutonné dans des redingotes, avec des chapeaux hauts de forme, ou des melons qui sentaient le quai des Orfèvres.

— Allons! dit l'homme au mandat en montrant le concierge, enlevez-moi celui-là, qu'on le mène là-haut, et gardez-moi la femme ici...

Il y eut bien alors un incident singulier... L'homme respectable, et qui avait si naturellement l'air d'un magistrat, se détacha de la petite troupe, fit signe à la portière de s'asseoir à côté de lui, ôta son chapeau, ramassa la calotte du concierge qui se trouvait là, et s'en chaussa tranquillement le crâne, comme s'il se préparait, en l'absence du vrai portier, à tirer lui-même le cordon aux personnes qui pourraient sonner... Mais le portier, comme la portière, étaient tous les deux dans la plus profonde épouvante et ne se rappelèrent ce détail qu'ensuite, on emmena l'homme dans le bureau du marquis, le porteur du mandat lui dressa procès-verbal, lança ensuite dans le tuyau acoustique l'ordre de faire monter la femme, lui dressa procès-verbal à son tour, et,

le ménage une fois ligotté sur deux chaises, le
« juge » toujours dans la loge, gardant le cordon
et coiffé de la calotte, tout un branle-bas de justice
bouleversa les appartements. On forçait les meubles, on vidait les tiroirs, on décrochait les cadres,
on défonçait le coffre-fort, on emportait des paquets.

— C'est bien ça, pensaient les concierges sur
leurs chaises, c'est bien ça ! C'est bien comme ça
que ces messieurs des journaux racontent les perquisitions !

Et la « perquisition » continuait, l'argenterie
s'enlevait, les bibelots disparaissaient, les tableaux descendaient les escaliers... La maison,
à minuit, était à moitié déménagée.

Si naturelle que pouvait paraître alors une
descente de justice chez un marquis, celle-là,
néanmoins, malgré toutes les fantasmagories du
moment, ne devait pas sembler longtemps bien
normale, même à des portiers. On écrivit à M. de
Panisse ; il arriva, trouva son hôtel dévalisé, et
ne songea plus qu'à faire rechercher les voleurs.
Qui étaient-ils? Où avaient-ils filé? Chez quels
marchands de vin et dans quels garnis traînaient-ils? C'était ce qui restait à découvrir.

※
※ ※

Le café X..., à Montmartre, n'avait rien, à première vue, de ce qui fait supposer un rendez-vous d'escarpes. C'était un établissement façon Chat-Noir, comme il y en a beaucoup dans le quartier, avec une profusion de mauvaises peintures murales visant au genre artiste. Le patron avait bonne mine, sa jeune femme se tenait assez modestement au comptoir, où elle réglementait avec dignité le dosage des carafons et des morceaux de sucre, et la maison, d'habitude, malgré ses historiations intérieures où tous les personnages avaient des têtes de bêtes, avait plutôt quelque chose d'endormi et de provincial. Bien des gens qu'effrayent les cafés entraient sans trop de crainte dans celui-là, sans se douter qu'il était justement le Tortoni des bonneteurs, et la plupart des habitués, effectivement, *faisaient le bonnet,* non seulement à Paris, mais dans les villes d'eaux, sur les plages et dans les stations d'hiver. Ils étaient, comme les gens du monde, toujours en « déplacements et en villégiatures ». Ils venaient au café X... pour se voir, se renseigner, prendre l'air *des affaires,* boire des bocks, et faire des bésigues ou des dominos ; ils étaient là comme chez eux. Le patron les recevait avec sa meilleure mine, leur serrait deux doigts à leur arrivée, les connaissait, savait ce qu'ils voulaient, et allait s'asseoir de trois quarts à côté d'eux, sa serviette autour du cou, pendant que sa femme, au comptoir, tout en gardant son air digne et en leur tirant des chopes, les comprenait aussi d'un signe.

La bande en comptait de tous les genres, des pègres, des escrocs, des souteneurs, des phénomènes comme un nommé Bidoche, tatoué de la tête aux pieds, ou des monstres de mœurs comme le vieux qu'on appelait « la vieille Blondinette », et qui allait souvent à Nice chez un certain baron Z..., un baron de la décadence, où il ne dînait jamais qu'habillé en femme, avec un peigne dans les cheveux, et son éventail sur la table. Tel était le ton de la société. Elle venait à des heures plutôt nocturnes, jouait et consommait assez tard ; on pouvait la voir tous les soirs là, à travers le fumet de la bière et des choucroutes, sous les têtes de singes, d'oiseaux ou de serpents du plafond et des murailles. C'étaient les clients de revue, les amis, ceux qu'on appelait par leur nom, qui connaissaient les couloirs, et avaient droit au *Salon Vert.*

Qu'était-ce maintenant que le *Salon Vert?* Encore une des particularités de ce café à l'air province, à terrasse déserte, et qui dormait comme une mare la plus grande partie de la journée. Un de ces petits escaliers en tire-bouchon entourés d'un fourreau d'étoffe, comme on en voit dans les petits restaurants et les boutiques, montait à une petite pièce basse, où l'on touchait le plafond de la tête, et qui n'avait rien de vert ni d'un salon. C'était cependant là le *Salon Vert,* où les souteneurs *passaient à la corvée* les femmes qu'ils voulaient corriger. Quand ils avaient par hasard à se plaindre de l'une d'elles, ils la faisaient attirer par un compère quelque part, arrivaient toute une troupe dans le cabinet où elle croyait bonnement venir souper, et lui faisaient subir là, à tour de rôle, avec toutes sortes de brutalités et d'ignominies, ce que les « faits divers » appellent encore quelquefois « les derniers outrages ». Le *Salon Vert* était un des endroits de Paris où s'infligent ces viols expiatoires et ces tourments orduriers, et n'était d'ailleurs meublé que d'une table et d'un canapé, l'un et l'autre également bourgeois. Il donnait, par une petite porte, dans la chambre conjugale des patrons, et les deux négociants, les nuits de corvée, avaient soin de ne monter se coucher qu'après les exécutions dont les abominations bruyantes auraient eu lieu trop près de leur lit, et pour ainsi dire à leur chevet....

Au moment où tant de gens du monde, plus ou moins titrés ou anciens ministres, recevaient au point du jour la visite du commissaire de police, et où le marquis de Panisse se trouvait dévalisé par une perquisition de contrebande, comme cela devait nécessairement arriver à quelqu'un, il y avait, parmi les habitués du café, un vieux client se disant courtier, et connu sous le nom d'Alleaume. Avec sa barbe grise, son âge respectable, sa physionomie grave, son cachet d'expérience et de mélancolie, il était irréprochable, et appartenait un peu, comme mœurs, au côté Blondinette de la maison. Le vol eut lieu, les journaux le racontèrent, et le vieux courtier, juste à ce moment-là, commença à se plaindre d'une maladie de peau. Il parlait d'un eczéma qui lui ravageait les joues, se grattait, annonçait l'intention de se faire soigner, et apparut un jour sans sa barbe, sous prétexte de

1.

démangeaisons. Personne, seulement, dans le café, ne crut une seule minute à l'eczéma ; on ne s'y coupait pas la barbe pour si peu, et comme, parmi les amis de la maison et leur variété en tous genres, il y avait aussi le genre *indicateur*, l'inspecteur Rossignol, qui restera à juste titre un des noms légendaires de la Sûreté, ne tardait pas à apprendre, au bureau du quai des Orfèvres, que le vieux père noble de chez X..., un vieux qui demeurait rue des Petits-Carreaux, s'était rasé. Il n'en fallait pas plus à un agent de la subtilité de Rossignol; c'était une piste, elle devait conduire à d'autres et, de piste en piste, de ramifications en ramifications, on finissait, en effet, par arrêter la bande que les concierges de l'hôtel, à la vue du vieil Alleaume, avaient prise pour des magistrats.

*
* *

Ce vieil Alleaume avait soixante ans, et ce nom d'Alleaume, d'abord, ne rappela rien du tout à l'administration. C'était un nom sans dossier, inconnu à la préfecture. Toutefois, en faisant les recherches ordinaires au Service anthropométrique, on y retrouva une photographie du vieux voleur. Il y était un peu moins ridé, un peu moins gris, mais toujours gentleman et déjà respectable. C'était bien lui, sans aucune espèce de doute, bien qu'il figurât là sous le nom de Tajan. On poursuivit les recherches, on découvrit d'autres portraits où il était de moins en moins vieux, mais où son identité ne faisait toujours aucun doute, et l'on parvint ainsi à établir qu'il avait déjà subi cinq condamnations sous les noms les plus variés. Jamais il ne reparaissait avec le même. Souteneur, escroc, voleur, cambrioleur, il en changeait comme d'habits, et avait toujours eu, du reste, à toutes les époques de sa vie, cet air de gravité honorable qui devait lui permettre un soir de passer pour un membre du Parquet, et de tenir une loge de concierge.

Son histoire, d'ailleurs, n'avait rien de banal. Vers cinq ou six ans, il était adopté par un banquier, un monsieur P..., et placé chez les Frères de Saint-Nicolas. A dix-huit ans, on le condamnait déjà pour un premier délit de jeunesse, et le banquier ne voulait plus s'occuper de lui. Alors commençaient ses transformations de personnage et ses travestissements d'états civils, pendant qu'il continuait sa « carrière judiciaire ».

A la mort du banquier, il prenait tout de suite son nom, se disait son fils, et se donnait pour son héritier. Après la guerre, il avait habité dans la même maison qu'une certaine famille Prilliard, où le mari était cocher, et dont le fils avait disparu à l'époque de la Commune, sans qu'on eût jamais pu savoir s'il était bien vraiment mort, et l'ancien fils adoptif du banquier devenait immédiatement le fils Prilliard, pour les besoins du moment. Ensuite, il se transformait en Tajan, puis même en « comte de Tajan ». Non seulement il changeait ses noms, mais les retouchait quand il les avait changés, et c'était ainsi qu'à soixante ans, après quarante ans de police correctionnelle, de physionomie respectable et de pose anthropométrique, on l'avait retrouvé Alleaume. Et « Alleaume », cette fois, était un souvenir d'enfance! C'était le nom d'un amant de sa mère, employé aux Pompes funèbres.

***

Quand on pense à la figure de juge d'instruction que devaient lui trouver un soir les concierges de l'hôtel Panisse, et qu'il avait peut-être en effet à travers leur vitre, on n'imagine pas la soupente, ou plutôt la niche, qu'Alleaume habitait rue des Petits-Carreaux, dans une de ces maisons puantes, empestant la misère et la punaise, où chacun colle son nom sur d'affreuses petites portes jaunes. Il n'avait pas même une de ces portes-là, et logeait au-dessus du sixième, dans un bout de grenier grouillant de vermine, dont il lui fallait ouvrir la tabatière quand il voulait se tenir debout. Pour obtenir ce « cabinet », il s'était fait recommander à la concierge par une des locataires des autres soupentes. La locataire l'avait donné comme un « voyageur de commerce », présenté comme « son oncle », et l' « oncle », rien qu'en se montrant, avait tout de suite inspiré confiance. Lorsqu'il descendait de son trou, avec sa figure digne, ses gants, son paletot bien brossé, et son chapeau haut de forme, on l'aurait presque pris pour le propriétaire. Il n'en menait pas moins une existence comme on n'en voit pas souvent, même dans la rue des Petits-Carreaux. Jamais de femmes! Mais des petits jeunes gens, dont il se donnait comme le protecteur. Il ne rentrait guère qu'à cinq heures du matin, toujours suivi de jeunes bandes qui escaladaient l'escalier derrière lui par cavalcades étouffées, et redescendaient ensuite en processions, avec leurs petites jaquettes et leurs petits chapeaux ronds.

— Ah! bien oui, lui disait la concierge interloquée de lui trouver malgré tout l'air si respectable, on peut dire que vous en faites, vous, une vie!

— Qu'est-ce que vous voulez! répondait le vieux vidame de caboulot... Quand on est dans le commerce, voyez-vous, *on ne s'appartient pas...* On a des rendez-vous à deux heures du matin dans les cafés, on cause, on ne s'en va plus, il y a des collègues qui demeurent loin... On est obligé de les emmener coucher, si on ne veut pas perdre leurs relations.

— Mais vous en ramenez des dizaines!

— C'est vrai, répondait-il encore, mais que voulez-vous!... Il y a des métiers *où il faut savoir se serrer!*

Et les chapelets de « collègues » recommençaient toutes les nuits leurs ascensions vers le septième, pour en redégringoler tous les après-midi, quand on vit, un jour, l' « oncle » rasé comme un curé.

— Ah! vous savez, dit-il à la concierge stupéfaite, je ne sais pas ce que j'ai attrapé dans la figure, mais je crois que c'est une maladie de peau... Ça me gratte!... Ça me gratte!...

— Ça vous gratte?...

— Oui, oui, ça me gratte... Je m'en vais aller à Saint-Louis!

Et voilà qu'un matin la police ascensionnait aussi vers le septième, chez le vieux monsieur de la soupente qui avait l'air si gentleman. Il s'était justement « rangé » depuis quelque temps, et ne vivait plus qu'avec un autre vieux, un certain père Lapret, une épave pénitentiaire, un vieux galet du vice roulé jusque là-haut par le flux de boue parisien! Ils étaient là maintenant deux « oncles »!

Les agents entrèrent dans le chenil... Les deux voleurs y gelaient à claquer des dents, et le père Lapret, les jambes nues, battait la semelle sur le carreau, grelottant dans un vieux paletot, au-dessous duquel passait sa chemise.

— Tiens! lui dirent les agents sans préambule en l'empoignant par les bras et en soulevant le pardessus qui pesait un poids énorme, mais qu'est-ce que tu as donc là dedans, toi?

— Comment, ce que j'ai là dedans!... Mais est-ce que je peux savoir? grognait le père Lapret furieux en montrant Alleaume au lit... Ça n'est pas mon paletot, c'est le sien!

Ils fouillaient en même temps les poches, et les trouvaient pleines de bijoux...

C'étaient ceux de l'hôtel Panisse.

Le vrai chef de la bande n'était cependant pas Alleaume, mais un nommé Renard, l'homme au faux mandat, celui qui jouait les commissaires, et qui avait déjà derrière lui, avant le coup de l'hôtel Panisse, vingt ans d'expéditions rentrant dans le même procédé.

Renard, lui, est un exemple de la démoralisation par les secousses. Il y avait bien dans sa famille un côté véreux, — une sœur de sa mère tenait *une maison* rue de Ménilmontant, — mais ses parents eux-mêmes étaient d'honnêtes ouvriers, affligés de nombreux enfants. En 1865, malheureusement, le choléra se déclare à Paris et emporte à peu près tout le ménage Renard en quinze jours, père, mère et enfants, sauf deux fils, le Renard de l'affaire actuelle, alors âgé de dix-huit ans, et l'un de ses frères, le petit Charlot, beaucoup plus jeune que lui. Première secousse, à la suite de laquelle le grand frère se fait voleur au bout de six mois! Sans parents et réduits, comme famille, lui et son petit frère Charlot, à la tante de la *maison,* à celle qu'on appelait *Madame* tout court dans la rue de Ménilmontant, et qui était un peu pour eux une parente aristocrate, il s'était d'abord engagé comme mousse, puis avait déserté, volé, exploité successivement Nice et Cannes, et avait fini par se faire arrêter. On aurait pu le croire complètement perverti par la prison; mais le contraire se produisit, et il en sortit corrigé, converti, rendu à l'esprit de travail et de famille, entra dans la maison Pleyel et Wolff, alla reprendre Charlot à l'Assistance publique, se chargea de lui, le fit élever, et se montra ainsi quelque temps le modèle des ainés, et le meilleur des ouvriers... Mais la tante de la rue de Ménilmontant, *Madame,* débarque un jour chez ses neveux, leur annonce qu'elle est veuve, qu'elle *se retire,* qu'elle est riche, qu'elle a besoin de famille, qu'elle veut vivre avec eux, et elle les prend pour héritiers...

Seconde secousse! C'était l'aisance, le bien-être, l'argent, la fête, on ne savait même quoi encore avec une tante comme *Madame,* et Renard, instantanément, comme par magie, se refait voleur. C'était fini, il n'était plus honnête homme! Et une troisième secousse, un an après, venait encore l'achever, ou le parfaire. La tante, on ne sait trop comment, « se laissait mourir », et cent cinquante mille francs d'héritage, cent cinquante mille francs en pièces d'or et en billets de banque, tout le magot de Ménilmontant, tout le rapport de la *maison,* quinze ans d'amour et de pièces de cent sous, leur tombaient entre les mains. Renard, alors, part immédiatement pour Monaco, joue, perd, revole six mille francs séance tenante, et couche le soir à la prison de la Principauté... Mais les gardiens monégasques, paraît-il, acceptent des politesses des détenus; Renard offre au sien un cigare chloroformé, file, reprend la route de Paris, et revient y embrasser le petit Charlot qui commençait lui-même à *voler* de ses propres ailes, et portait déjà le nom plein d'image et sans pudeur de Gros C...

***

Rue Marcadet, de l'autre côté de Batignolles, au revers et comme à l'envers de Montmartre, file une rue grise, lépreuse, populeuse, et qui n'en finit plus; des lavoirs, avec des entrées mouillées, des odeurs d'eau de javel et des drapeaux de zinc peint; des débitants pour mendiants et pour chiffonniers, avec le détail et le prix de leurs consommations sur leurs carreaux : *Bon vin à emporter, Petit noir à* 0,15; puis, pardessus les toits, tout en l'air, un revers de butte galeuse où sont accrochées des baraques rapiécées de morceaux de volets et de boîtes de sardines, ou bien un mamelon maigre brouté par une vieille chèvre; des enfants à moitié nus dans des flaques de boue, un vieux militaire avec sa canne, une vieille fille avec son chien, une femme enceinte barbotant dans les ordures, des pâtés de maisons à cinq étages coupant des rangées de masures plus basses; des pans de mur ou de palissade maculés de batailles d'affiches : *Un dernier mot!... Electeurs, on vous trompe!... Manœuvre de la dernière heure!... Une infamie!...* C'est là, dans ce cadre de paysage batignollais, qu'opère et spécule Renard, un peu après Monaco. Il a enrôlé et mis dans ses intérêts toute une société de concierges, et prête maintenant sur gages par leur entremise.

— Vous n'auriez pas par hasard besoin d'argent, disait au locataire gêné le portier chargé de *rabattre*... Vous avez là une jolie pendule, et je connais quelqu'un qui vous prêterait bien quelque chose dessus.

Le locataire ouvrait l'oreille. Qu'est-ce qu'il avait entendu? Comment! Quelqu'un lui prêterait sur sa pendule? On allait bien vouloir de sa pendule? De cette pendule qu'il avait déjà portée à cinq ou six Monts-de-piété, et qu'on lui avait toujours refusée!

— Alors, disait le concierge, donnez-la-moi... Combien voulez-vous?... Cent sous? Dix francs?... Mais donnez-la toujours... Il faut d'abord qu'on la voie... Je vous rendrai ensuite la réponse...

Et, le soir :

— Entendu... C'est dix francs... On vous les apportera demain...

Mais le locataire ne voyait jamais les dix francs, ne revoyait pas la pendule, et, quand il arrivait, tout tremblant, menacer le concierge :

— Monsieur, pleurait le portier, tenez, ne m'en parlez pas!... C'est une abomination!... Il y a des gens qui sont trop canailles... Moi, voyez-vous, j'en suis malade! Je suis encore plus volé que vous!

*
* *

A la manière dont il entendait le « prêt sur gage », Renard ne devait jamais le pratiquer bien longtemps dans le même quartier. Flibustait-il vraiment aussi les concierges, comme les concierges le prétendaient, ou marchait-il d'accord avec eux, comme ils s'en défendaient énergiquement? La question est encore à l'étude, mais les concierges, quoi qu'il en soit, jouaient un rôle dans ces « prêts », et il faisait ainsi disparaître, par leur collaboration plus ou moins consciente, des quantités de pendules et de tableaux dont on ne retrouvait plus jamais la destination. Combien de mois ou de semaines appliqua-t-il à la rue Marcadet son procédé d'escroquerie? On manque là-dessus d'informations, mais, en 1874, le centre de ses opérations avait été transporté à Saint-Ouen ; la police l'y dénichait, et on découvrait chez lui, outre l'attirail ordinaire des voleurs, toute une pharmacie de poisons et toute une collection de menottes. Pourquoi les poisons? On l'ignore, mais on sait, en revanche, ce qu'il faisait des menottes. Il pratiquait, dès cette époque, en petit, et chez les petites gens, habituellement craintifs et peu protégés, ce qu'il devait un jour risquer en grand chez le marquis. Il tombait chez les malheureux, avec son air sévère et ses façons d'agent, parlait d'un crime, tirait ses menottes, grimaçait toute une comédie de justice, interrogeait, verbalisait, sondait les murs, les matelas, fouillait les tiroirs, terrifiait la vieille femme ou la fille entretenue à qui il rendait d'ordinaire ce genre de visite, et le porte-monnaie de la personne visitée avait invariablement disparu après son départ. Il en était même arrivé, en se perfectionnant dans son rôle, à simuler des descentes de police capables de faire sérieusement illusion. Il s'était fabriqué une écharpe de commissaire, des cartes au nom de Jaume, de Rossignol, d'Atthalin, et procuré des mandats en blanc. Muni de ce matériel, et suivi de complices bien stylés, il pouvait déjà opérer ailleurs que chez de pauvres diables, et s'était présenté, un jour, chez Mlle Rose Pompon. Là, il avait fait attacher la bonne sur une chaise, et s'interrompait au milieu de la fouille des commodes et des secrétaires, pour dire au voleur qui gardait la domestique :

— Allons, Rossignol, un peu plus d'égards pour cette demoiselle... L'administration doit toujours être polie... Un peu d'égards, Rossignol, un peu d'égards !

*
* *

Et Gros C...?... Tout en suivant sa voie à lui, il ne cessait pas de montrer à son frère une fidélité poussée jusqu'au romanesque. Il *travaillait* à Londres, y centralisait les tableaux et les pendules provenant des perquisitions parisiennes, et représentait ainsi la maison anglaise dans l'entreprise où Renard *aîné* constituait la maison française; mais les deux frères ne passaient jamais une semaine sans s'écrire, et, lorsque le frère de Londres n'avait rien reçu dans la huitaine du frère de Paris, c'était le signe convenu, et généralement certain, que le frère de Paris était sous clef. Il fallait alors arriver pour emporter en Angleterre tout ce qui aurait pu être une preuve, et Gros C..., immédiatement, prenait le bateau, accourait, emballait tout, se rembarquait avec la pacotille, et ne laissait pas un bâton de chaise. La Justice, ensuite, pouvait venir! Le Renard de Paris, systématiquement, n'avouait jamais son domicile qu'après huit jours, et le Renard de Londres, à ce moment-là, avait toujours tout sauvé. Combien de fois a-t-il ainsi traversé la Manche? Encore un mystère! Huit jours sans lettre, pas de nouvelles, et Charlot était en mer, arrivait, repartait... Vingt-quatre heures après, il était loin.

Est-ce donc à Londres que s'est engouffrée, pour se disperser peut-être ensuite jusqu'aux Indes, toute la « marchandise » de Paris? Elle n'y est pas, cependant, toute allée, et l'acte d'accusation vise un nommé Fraise, dont le petit logement champêtre, situé dans le quartier Malakof, en absorbait une part. Ancien horloger, devenu marchand de papier, Fraise habitait là, en famille, un petit rez-de-chaussée de trois chambres. Il partait le matin en carriole, et s'en allait demander en ville aux petits épiciers de sa clientèle leurs commandes de sacs et de factures. Mais ce n'était qu'un métier de façade, et, le soir arrivé, le petit rez-de-chaussée ouvrait sa fenêtre aux ballots d'argenterie, qui n'en ressortaient plus qu'en lingots. La lumière, toute la nuit, flambait derrière les vitres, blanchies à la céruse, et les voisins se demandaient quelquefois ce qu'on pouvait bien faire là dedans?... On y fondait l'or et l'argent, mais personne ne s'en doutait, et le faux marchand de papier, tous les matins, repartait en fouettant son cheval, pour aller vendre ses sacs...

L'instruction de pareilles affaires est toujours longue et compliquée, mais devait l'être tout particulièrement dans celle-là, et tant d'objets de toute espèce avaient disparu dans la fameuse nuit de l'avenue Marceau, que le marquis de Panisse lui-même ne pouvait plus s'y reconnaître.

— C'est bien à vous, ce petit vase? lui demandait-on.

— Ce petit vase? répondait le marquis en le

tournant et en le retournant, ma foi, je ne sais pas trop...

— Oh! si, il est bien à vous, disait Renard, il est à vous!

— C'est que je ne le reconnais pas...

— Mais moi, je le reconnais bien...

— Mais c'est que positivement...

— Mais si, mais si... Je vous assure qu'il est à vous!

*
* *

L'audience, comme d'habitude, s'ouvre vers onze heures et demie, et un certain nombre de noms connus, ou « du Monde », attire tout de suite l'attention parmi les personnes volées : Mme Dinah Félix, artiste dramatique, M. Dieulouard, juge au tribunal de Laon, M. l'amiral Lafont... On ne se douterait jamais de ce que la Police a découvert au dernier domicile de Renard, où Charlot, le frère de Londres, pour la première fois de sa vie, n'était pas arrivé à temps. Toute une étude avec plans sur les hôtels et villas à dévaliser, un *Manuel du parfait homme d'affaires*, une traduction d'Ovide et un *Gotha!* Et l'audiencier, une longue feuille dans une main, un crayon dans l'autre, s'époumonne à appeler les témoins. Il lance les noms par files, et crie familièrement, pendant une minute, en cherchant dans la foule Mme Dinah Félix :

— Madame Dinah!... Madame Dinah!... Elle n'est pas là, madame Dinah?... Madame Dinah!... Madame Dinah!...

Le président, ensuite, expédie vivement l'appel des accusés, et toute la bande, ou ce qu'on en a pris, répond de ses banquettes. On voit se lever et se rasseoir des individus paraissant plutôt bien mis, au milieu desquels se détache l'inévitable figure larmoyante et rouge d'une femme, et des voix, en même temps, déclarent ou bredouillent des âges et des professions :

— Quarante-sept ans... Bookmaker... Soixante et un ans... Trente-cinq ans... Courtier... Cocher... Chemisier... Trente ans... Horloger... Commissionnaire en marchandises... Soixante-dix ans... Homme d'affaires...

Des physionomies neutres, des paletots bourgeois, du linge propre, des vestons à revers de soie. On dirait, à première vue, et comme ensemble, une de ces associations amicales d'employés de commerce qui font des repas de corps chez Marguery, et deux figures vous frappent seulement d'abord : la face écrasée et brune de Fraise avec ses cheveux en tête de loup et ses moustaches en poignards, et celle d'un petit vieux tout blanc et tout tondu qui tremblote d'un air finaud tout en haut du banc, un chapeau de paille entre ses mains.

M. le président Benoît a la « distinction » acide. Chauve, jeune, avec un petit œil fouilleur, un binocle, une bouche fine et des favoris soignés, il commence par opérer une véritable révolution dans la manière d'examiner les accusés. L'interrogatoire, avec lui, n'existe plus; il le remplace par une conférence avec démonstrations pratiques et documentaires sur chacun des inculpés, invité pendant ce temps-là à quitter sa place et à venir s'offrir, silencieusement, à la lorgnette du jury. On n'est plus en réalité à la Cour d'assises, avec les demandes, les réponses, les interruptions et les incidents, mais à une clinique pénale avec un sujet qui est le prévenu, un professeur qui est le président, des élèves qui sont les jurés, et M. Benoît, dont nous allons entendre pendant cinq heures d'horloge l'intarissable voix nasale, nous présente d'abord Renard.

— Renard, sortez de votre banc... Bien... Mettez-vous là... Et ne parlez pas, taisez-vous...

Il y a, à la vue de Renard, un mouvement de stupéfaction dans la salle, et ce qui le cause, c'est la perfection confondante avec laquelle il représente physiquement l'Administration. Ce petit homme gros, à lorgnon fumé, à nez busqué, avec sa barbe en pointe inégalement argentée, sa forte tête portée suffisamment en arrière, son ironie de bureaucrate, et son ventre qu'il semble avoir pris sur un rond de cuir, ce terrifiant petit homme ne rappelle pas plus ou moins vaguement un chef de bureau, mais le chef de bureau type que tout le monde s'attend d'avance à trouver sur le fauteuil vert. Il a même, comme autorité et comme action, quelque chose de plus, et ses yeux à la fois perçants et ternes, ses petites jambes agiles sous l'embonpoint nerveux, son geste doux, sa voix professorale, ses réserves, ses sourires informés, tout cela est d'un fonctionnaire qui a la société dans sa main.

Le président, pendant une petite heure, ne se lasse pas de poursuivre sa leçon de criminalité pratique dont le sujet est la véritable identité de l'accusé, et lui met sous les yeux toutes sortes de preuves et de documents; mais Renard, à tout ce qu'on lui montre, trouve une réponse ingénieuse, une dénégation plausible, une explication ferme et polie. C'est un mur d'impudence imperturbable et courtoise.

— Ah! misérable, scélérat, canaille, lui crie en étranglant de colère un témoin, un gros brave homme qui a été l'ami de sa famille et qui tape sur la barre en le regardant dans les yeux, ne me dis pas que tu ne me reconnais pas... C'est toi, je te dis que c'est toi!... Ah! tiens, vois-tu, si je te tenais dans un coin...

— Monsieur, lui répond simplement Renard en allongeant le fil de son lorgnon entre ses doigts et en remettant ensuite le lorgnon sur son nez, je n'ai pas l'honneur de vous connaître, *et je vous défends de me tutoyer!*

※
※ ※

... Et le président Benoit, après sa clinique sur Renard, entame sa clinique sur Tajan.

— Tajan, voyons, à vous, maintenant, placez-vous ici... Et pas un mot !... Messieurs, voici Tajan...

Tajan, c'est l' « oncle » Alleaume, le locataire du chenil des Petits-Carreaux, et il trouve tout de suite moyen de placer son mot, malgré l'interdiction du président.

— Monsieur, dit-il d'une voix de basse-taille nuancée de tristesse, à l'observation qu'il avait un jour commis un vol avec un crêpe à son chapeau, *je suis continuellement en deuil*...

Tout en noir, effectivement, avec sa figure rugueuse et brune, ses grosses rides et ses cheveux gris, il a la paupière molle, la voix grave, l'œil mort, quelque chose de dédaigneux et d'hémiplégique.

— *J'appartiens à deux familles*, monsieur, interrompt-il encore un peu plus loin d'un ton sévère.

Car il a besoin de parler, et même de papoter.

C'est un papotement de basse-taille, mais c'est un papotement, et rien n'est singulier comme ce grand vieux maigre à l'air funèbre qui jacasse avec l'organe d'un basson. Il se lève, se tourne, se retourne, se rassied, se relève encore, s'impatiente, s'agite comme une marionnette, et toujours avec son air de dédain, sa basse-taille et sa paupière morte.

Cette manière d'« exposer » le prévenu, au lieu de l'interroger, transforme la physionomie de la Justice, au point qu'on ne la reconnaît plus. Ce ne sont plus que des citations de pièces, des déblaiements et des bredouillements de procès-verbaux, pendant que l'accusé se morfond, debout et muet sous la pluie de la lecture ou du commentaire, qui le trempe de son déluge ou le transperce de ses aiguilles, sans qu'il ait même le droit de se secouer. On se croirait à une vente après décès où le notaire remonte à l'origine des immeubles dans des rôles qui n'en finissent plus, et ce n'est que de loin en loin, comme parfois aussi devant les notaires, qu'il se produit une révolte ou une bagarre, et que l'affaire, malgré tout, se montre alors dans ses dessous, avec la mise en scène des témoins et les grimaces de la bande.

※
※ ※

Elle est bigarrée, et compte notamment un certain Latrompette qui, dans la pénombre lucrative où il « travaillait », en était presque arrivé au million, tout gueux et bas gueux qu'il était. Ancien garçon d'une maison de tolérance, marié à la nièce du forçat Contesenne, père de famille, à la tête d'une fortune sérieuse, et propriétaire déguisé du Casino de la Grande-Jatte, il n'en menait pas moins la vie de voleur, avec tout l'attirail des faux noms, des doubles domiciles et des effractions nocturnes.

Le petit père Latrompette, au physique, fait penser au petit homme gris comme une souris de la chanson. La moustache grise, les yeux gris, et flottant dans un paletot gris, avec sa petite tête rasée, son museau malingre et fouinard de faux soldat, son petit dos rond qui semble s'être voûté à force de vous avoir crié des sottises dans la figure et qui a l'air d'avoir une épaule plus méchante que l'autre, il participe à la fois de la portière et du malfaiteur, du chourineur et du potinier. Il vous donne la sensation d'un vieux coquin qui débite des cancans derrière les portes avec un couteau caché dans sa manche.

— Mais, monsieur, je ne vis *point* de vols, moi!... C'est que j'ai été six fois établi limonadier, monsieur!... Et j'ai plus d'un million de valeurs, et j'ai demeuré rue de la *Douène,* monsieur, et quand je demeurais rue de la *Douène,* monsieur... Mais rue de la *Douène...* rue de la *Douène...* Mais c'est des menteries, monsieur, qu'on raconte là sur mon compte, et des choses qui n'existent point, et c'est la concierge qui ment, et je suis honnête, monsieur, moi, je suis honnête, je ne connais point tous ces gens-là, et que j'ai même été chez le commissaire de police, et que j'y ai même envoyé mon fils, et que j'y ai mis ma signature sur son papier... Et quand je l'y mets, ma signature, monsieur, c'est qu'elle y est!... Et puisque je vous dis qu'à ce moment-là je faisais partie d'une société d'outre-mer...

— Attendez, Latrompette; mais qu'est-ce que c'est que cette société d'outre-mer?

— Cette société d'outre-mer?

— Oui.

— Mais c'est la société d'outre-mer!

— Et où a-t-elle son siège?

— Mais rue de la *Douène!*

— Quel numéro?

— Ah! dame, je ne sais pas, moi, elle n'y est plus!

— Mais le directeur? Quel est son nom?

— Le directeur?... Comment, le directeur?

— Oui... Comment s'appelle-t-il, le directeur?

— Comment qu'i' s'appelle?... Attendez, attendez donc!... Voyons, mais je ne connais que ça, puisque je suis brouillé avec lui... Attendez, attendez... Voyons, le directeur... le directeur... Parbleu, i' ma volé cinq mille francs!

*
* *

Il y a, comme témoins, dans cette affaire de voleurs, une extraordinaire affluence de concierges, et l'huissier introduit d'abord une dame en long manteau gris clair, avec un éclatant chapeau violet.

— Votre nom, madame?..... Votre âge?... Votre profession?...

— Concierge, monsieur.

— Eh bien! madame, parmi les accusés, quel est celui qui est venu vous louer un appartement?

— Mon Dieu! monsieur, c'est que j'ai la vue très basse.

— Avez-vous un lorgnon?

— Oui, monsieur.

— Mettez-le...

Alors, le manteau clair et le chapeau violet remuent du mouvement d'une personne qui se fouille, un étui sort de la robe, une main en tire un binocle, l'élève jusqu'à un nez rouge, l'y pose, l'y maintient, et la concierge se met à lorgner méticuleusement chaque inculpé.

— Ah!... Ah!... Voilà... Le second, monsieur, le second... Celui qui grisonne...

— Tajan, ordonne le président, levez-vous.

— Moi? grogne la tête hémiplégique et barbue de Tajan... Voilà, voilà...

— Attendez, dit la concierge... Là, ne bougez pas trop...

— Comme ça? grogne encore Tajan... Comme ça?... Comme ça?... Faut-il qu'on se mette de trois quarts?

— Ma foi, je ne sais plus trop, et je ne peux pas trop dire... C'est que c'est mon mari qui a fait l'engagement.

— Allons, dit le président, Latrompette, levez-vous!... Cette fois, est-ce bien celui-là?...

Et le chapeau violet et le manteau clair se remettent encore à lorgner :

— Celui-là?... Attendez... Tournez-vous un peu... Là!... Oui, c'est celui-là!...

Autre témoin :

Un vieux réclusionnaire, en veste de maison centrale, s'avance avec peine à la barre. Il n'a plus de dents, son nez rejoint son menton, et le fond de son pantalon lui tombe sur les jarrets. C'est le père Lapret, le compagnon de Tajan, son ami de lit, celui qui grelottait dans la soupente, le matin de l'arrestation, sous le paletot où étaient les bijoux. Il a l'air d'avoir cent ans.

— Lapret, lui crie le président comme on crie en parlant à un vieillard, vous subissez une condamnation ?

Le père Lapret, à cette question, ouvre son casse-noisette comme pour avaler les mouches, et une vague bouillie de sons et de syllabes fait trembloter les peaux de son cou.

— A quelle époque avez-vous été condamné? lui dit encore le président.

Autre ouverture du casse-noisette, autre bouillie de sons et de syllabes, et le président Benoit finit par lui demander :

— Connaissez-vous quelqu'un parmi les accusés?

Alors, le petit vieux montre Alleaume et répond d'une petite voix :

— Mais je connais monsieur!... monsieur!... monsieur!... monsieur!...

— Et qui voyait-on chez lui ? Ceux que vous voyez maintenant là?... Celui-ci?... Celui-ci?... Est-ce que vous les y avez rencontrés?

— Mais oui!... Mais oui!...

— Et n'avez-vous pas aperçu aussi chez Tajan une certaine pièce de soie rouge à propos de laquelle on disait que *ça ferait un beau jupon pour la vieille ?*

— Mais oui!... Mais oui!... Mais oui!... répond toujours le petit vieux en commençant à s'animer.

— Et qui est-ce qui disait ça ?

— C'était monsieur!... monsieur!...

Une pause, et le président Benoît, d'un ton pudique :

— Quant à la *vieille*, nous ne demandons pas qui c'était…

Enfin, au milieu d'autres dossiers, on ouvre celui de l'hôtel Panisse, et l'huissier appelle les deux portiers, les époux Quezel. Mme Quezel, une petite femme sèche et noire, avec un long voile de crêpe, et littéralement mitraillée de petite vérole, raconte sa nuit, et M. Quezel, une figure de vieux concierge bonasse, un bon gros nez bénisseur entre deux favoris blancs, raconte aussi la sienne. Ils en sont encore tout émotionnés tous les deux, *les sangs tournés*, puis s'en vont s'asseoir dans la salle, et là, le reste du temps, *taillent* tout bas *des bavettes* avec Mlle Pompon, l'une des dévalisées de Renard, pendant que d'autres figures défilent devant la Cour, et que la voix du président bataille avec le banc des voleurs, où se trouvent encore Jalby, Fraise, la femme Fraise et le vieux Pâris.

— Jalby, dit le président, pourquoi vous êtes-vous sauvé quand vous avez appris l'arrestation de Tajan?

Mais Jalby, qui est le type du maître d'hôtel, comme Renard est celui du chef de division, n'écoute même pas la question. Il tape sur l'appui du banc, crie, vocifère, et gesticule comme un moulin.

— Je suis violent, oui, je suis violent, très violent, et même excessivement violent, mais je ne suis pas cambrioleur!

— Et vous, Renard, continue le président qui les reprend tous à la fois, on a trouvé chez vous des instruments...

— ... dont j'étais l'inventeur, achève Renard en jouant avec son lorgnon.

— Et même, lutte et s'acharne le président, tout l'attirail nécessaire au chantage!

— Oh! sourit alors Renard, c'était seulement ce qu'il fallait pour faire *de la police officieuse!*

— Vous voulez dire du chantage!

— Mais non, de la police!

— Du chantage!

— De la police!

— Et toute cette collection de lorgnons, toute cette collection de lunettes de toutes les couleurs? Qu'est-ce que vous faisiez de tous ces lorgnons? Qu'est-ce que vous pouviez faire de toutes ces lunettes?

— J'ai la vue très sensible, monsieur le président, répond tranquillement Renard.

Puis, il ôte encore son binocle, y souffle un peu de son haleine, l'essuie, sourit et le remet.

※
※ ※

La femme Fraise a-t-elle connu la provenance de l'argenterie et des lingots recelés par son mari dans leur logement de Malakoff?

Elle gémit en pleurant, sous son grand chapeau noir :

— Non, monsieur !

— Voyons, madame, dit le président, n'êtes-vous pas allée rue des Vieilles-Haudriettes, trouver Mme Billette ?...

— Pardon, monsieur, j'ai d'abord vu M. Goué...

— Pardon, madame, Mme Billette.

— Mais non, monsieur, M. Goué.

— Mme Billette, madame, je dis Mme Billette...

— Mais, monsieur...

— Enfin, madame, vous parlerez tout à l'heure, mais je vous répète encore une fois que je dis Billette, que vous êtes allée chez cette dame, que vous lui avez demandé une lingotière à trois compartiments, qu'elle vous a annoncé qu'elle allait en faire venir une, et que vous n'avez plus jamais reparu... Pourquoi cette lingotière? Pourquoi fondiez-vous de l'argenterie travaillée? Pourquoi n'avez-vous plus reparu?

— Mais, monsieur, M. Goué...

— Mme Billette, madame, Mme Billette!... Je dis Mme Billette!... Et puis, tenez, il y a encore contre vous une charge plus grave. Vous aviez gardé pour votre ménage des petites cuillers au chiffre de M. de Panisse...

Et la voix de l'accusée, plus innocente que jamais :

— Moi, monsieur?...

On suspend l'audience, la Cour s'écoule par les portes du fond, les gendarmes se lèvent, les accusés aussi, et Tajan, qu'on bouscule, grogne furieux dans sa barbe en ramassant son chapeau :

— Ah çà! dites donc, là-bas, les gendarmes, voyons, ne me marchez donc pas sur les pieds!... Vous ne voulez peut-être pas coucher avec moi!

* * *

Est-il possible de ne pas s'arrêter un peu, dans cette affaire où il y a tant de vieux, au vieux recéleur Pâris? C'est lui dont on remarque la tête vénérable et suspecte, et qui avale sa langue en haut du banc, en tenant son chapeau de paille sur les genoux. Tout blanc, poupard, les joues en petits ballons, les bras courts, les yeux furieux, avec une bouche de requin fendue comme sous le menton et qui ne remue pas quand il parle, il ne tient même plus debout sur ses petites jambes quand le président lui dit de se lever.

Il s'en allait, trottinant, chez les emprunteurs et les changeurs, pour prêter et revendre les titres volés, et s'était chargé de liquider les obligations de M. de Panisse, mais nie tout impudemment, et baragouine d'un ton de butor, avec des notes de cornet à bouquin dans le gosier, et des couacs de mauvaise humeur dans son nasillement gâteux. Il ne connaît ni Renard, ni Tajan, ni aucun de *tous ces messieurs*... Il ne sait même pas pourquoi il est là, et ne peut pas s'expliquer cette mauvaise plaisanterie.

— Pâris, lui crie le président, qui ne saisit pas très bien ce que le vieil escroc grogne dans son suçoir, est-ce que vous êtes sourd?

— Mais non, répond le vieux filou, mais non,

j'suis pas sourd... suis pas sourd... pas sourd du tout!

Mais il a tellement l'air de l'être, qu'on ne peut pas s'imaginer qu'il ne l'est pas, et le président n'en vocifère que plus fort après sa réponse :

— Pâris!... Connaissez-vous Renard?

— Hein?... Hein?... Renard?... Mais j'suis pas sourd, voyons... Renard, Renard?... Quoi, Renard?... Connais pas de Renard, moi! Connais pas!

— Mais on vous a vu chez lui!... On vous y voyait déjà il y a dix ans!

— Moi?... Il y a dix ans... Quoi donc, dix ans?... Mais pas possib', y a dix ans!... J'tais aux Antilles, il y a dix ans!...

— Dites-moi, Pâris, continue toujours à hurler le président, un certain M. Mannheim, changeur, a vu se présenter un jour chez lui un vieillard à l'air vénérable, et ce vieillard vénérable lui a déclaré vouloir se défaire de deux obligations de la Ville de Paris, s'appeler M. de la Plénière, habiter Villène en Seine-et-Oise, et avoir un bureau à Paris, 175, boulevard Poissonnière...

— Boulevard Poissonnière, 175?... J'ai jamais

eu de bureau là, interrompt l'accusé sans y penser.

— Vous êtes donc M. de la Plénière?

— Comment, j'suis m'sieu de la Plénière?... Moi?... C'est mon voisin qu'est *M'sieu* de la Plénière!

— Et vous aviez pris son nom?

— Mais il existe peut-êt' bien, son nom!... Puisqu'il existe, voyons!... Puisque j'vous dis qu'il existe!... Faudrait peut-êt' pas m' dire qu'existe pas!

Et il bougonne, toujours furieux, à petits coups de sa bouche de requin, avec toute une explosion de couacs et de cornements :

— Mais pisque j'dis qu'i'y existe! Pisqu'i'y existe!... Et puis j'comprends pas c'te querelle ici, et que m'sieu de la Plénière n'existe pas!... Que M. de la Plénière n'existe pas! C'est trop fort!... J'habite la même maison que lui!...

Il faut renoncer à le faire parler, et c'est ce que fait le président, après avoir donné lecture du dossier du petit père Pâris, âgé de soixante-quatorze ans...

Il a toute une colonne de condamnations pour escroqueries.

***

Saura-t-on jamais tout ce qu'a pu faire, et tout ce qu'a pu être Renard, sous sa figure et son embonpoint de fonctionnaire?

Le président demande à l'inspecteur principal Rossignol s'il n'a pas de mauvais renseignements à fournir sur le faux commissaire de police.

— Très mauvais, répond simplement Rossignol. Il est du monde des sodomites; on l'y connaît sous les noms de *la Bombée* et de *la Grosse-Tête*...

C'est tout, mais Renard, pour la première fois depuis trois jours d'audience, cesse de se posséder à cette déposition. Il pâlit, tremble, commence à parler d'une voix saccadée, tout en évitant de répondre directement, à ces mots de *la Grosse-Tête* et de *la Bombée;* puis le nom de son frère est prononcé, et il déclare d'un ton de rage froide qu'on ne touchera pas à son frère.

— Allons, lui dit sèchement le président, c'est bon, taisez-vous!

— Non!

— Taisez-vous, et asseyez-vous!

— Non!

— Voulez-vous vous taire et vous asseoir, ou je m'en vais vous faire expulser!

Mais Renard s'agite comme un fou et se met à crier avec fureur :

— Non! non! non! non! Vous pouvez me condamner, vous ne me déshonorerez pas!

Et il se rassoit sans pouvoir en dire plus... Il est blanc comme une tête coupée.

— Allons, reprend le président, une fois l'émotion calmée, continuons...

Et il donne lecture, un peu plus tard, de cette lettre singulière, adressée de Lyon à l'accusé, et qui est signée *Amélie :*

« Vous croyez donc que je suis *bouchée à*
« *l'émeri* pour m'envoyer des bourdes pareilles,
« que vous êtes parti pour Bruxelles? Vous avez
« donc peur, que vous vous sauvez, et que vos
« meubles vous ont suivi? Si vous disiez le pro-
« duit de tous vos vols, et vos outils à ouvrir
« les coffres-forts, je comprendrais. Mais dire
« vos meubles! Quelle blague! Une autre fois,
« vous direz : les pièces à conviction, car vous
« savez que je les ai vues. Vous les avez mon-

« trées, et ce que vous n'avez pas dit, Corti
« s'en est chargé.

« Si vous croyez que vous avez encore affaire
« à l'insensée que j'étais pour quelques jours !
« Comment voulez-vous que je les aie autre-
« ment vus que montrés par Jules Corti, et par
« sa maîtresse, et par vous? Mais il faut que je
« vous l'avoue, j'étais par trop inconsciente, et
« vous savez, quand on a été *estompé* comme
« je l'ai été par Jules Corti, sa maîtresse et
« vous, ça fait ouvrir les yeux.

« Cependant, j'aurais dû être fixée sur son
« compte, car au mois de novembre 1892, pour
« aller vendre les titres volés et opposés, il n'a
« pas hésité à compromettre deux amis à Milan,
« et quand vous avez lu le *Secolo* de Milan, vous
« vous tordiez parce qu'on le cherchait à Paris
« le 19 et qu'il était parti le 18, la veille. C'est
« comme quand Goron est allé à Londres lui-
« même, parce que ses roussins sont tellement
« bouchés qu'ils ne cherchent jamais du bon
« côté ; mais je me charge de les mettre au cou-
« rant.

« Vous étiez content qu'il fasse chou blanc, et
« vous vous foutiez de sa poire. Mais soyez cer-

« tain qu'il ne faudrait pas grand'chose pour le
« mettre sur vos traces. C'est comme pour les
« dix-sept mille francs de Milan. Il y a toujours
« le banquier et son garçon qui sont *au ballon*,
« et vous, vous vous baladez au soleil.

« Et votre concierge de l'avenue de Wagram,
« il est vraiment naïf de vous croire rentier, car
« s'il ouvrait les yeux, il verrait clair. Mais il a
« peut-être intérêt à ne rien voir, car toute la
« troupe qui arrive de Londres chez vous, que
« vous faites passer pour votre neveu, votre
« frère, ou un commerçant venant à Paris pour
« acheter un fonds, ce sont tous, en réalité,
« des voleurs comme vous, qui êtes le chef, et
« que vous vous vantez qu'il y a déjà vingt-cinq
« ans que vous faites le métier de cambrioleur.

« Comme logement, je vois bien que vous
« n'êtes pas embarrassé, car vous pouvez bien
« habiter celui du bois de Boulogne, où vous
« vous êtes fait passer pour un commerçant ve-
« nant de Chartres et où vous avez fait passer
« Jules Corti comme peintre en bâtiments, et
« que c'était pour faire la cour et prendre les
« empreintes de clefs à la bonne de la baronne
« et la dévaliser, le jour opportun. Si elle ne

« l'a pas été, elle doit son salut au grabuge
« qu'il y a eu dans le ménage. Mais si l'air du
« bois de Boulogne vous est contraire, vous
« pouvez encore habiter la rue Saint-Antoine,
« 151, que vous avez fait louer par la maîtresse
« à Jules Corti et payer d'avance, et que le motif
« était de dévaliser le bijoutier.

« Et vous vous cachez sous le masque de
« l'Anarchie pour faire ces coups-là et *estomper*
« les compagnons, et que c'est lâche de faire des
« révélations, et c'est sans doute vous qui êtes
« courageux d'agir comme vous le faites.

« Dans tous les cas, c'est vous qui l'aurez
« voulu, car je vous ai prévenu, et en général
« un homme averti en vaut deux.

« Pour toute réplique, vous avez dit que
« vous agiriez avec des moyens énergiques.
« mais je ne vous crains pas ; je sais bien que
« vous avez des poisons chez vous, du chloro-
« forme pour endormir. Vous avez eu la bêtise
« de me les montrer. Eh bien, si tous les anar-
« chistes sont comme vous, je plains la société
« future.

« Vous dévalisez les bourgeois pour placer le
« produit de vos vols à la Banque en Angleterre,

« pour vous faire des rentes. Elle est belle,
« votre anarchie! Vous êtes loin d'être un Du-
« val, Pini et Ravachol, et au moins ce qu'ils
« faisaient, c'était pour la cause, et vous voulez
« jouer au délicat; ça vous va bien, je vous le
« conseille!

« Maintenant, je veux mes affaires, et que
« tout soit fini. Ça me répugne de faire des révé-
« lations. Cependant, si vous me forcez, je n'hé-
« siterai pas et je vous assure que je les ferai au
« complet. Tant pis, on ne fait pas d'omelettes
« sans casser d'œufs.

« Si toutefois vous n'avez pas mes draps,
« envoyez-moi vingt francs, et pour la lettre de
« mon mari, rapportez-la chez la concierge, car
« rien au monde ne peut la remplacer. C'est un
« souvenir et j'y tiens, et je vous répète, je pré-
« férerais plutôt vous faire faire vingt ans de
« bagne que de vous la laisser. Maintenant, inu-
« tile de pleurer misère. Je sais que vous ne
« manquez pas, d'après les vols que vous venez
« de faire, et en plus les lingots d'or que vous
« avez des bijoux que vous fondez, et les brillants
« que vous retirez; et vous n'avez pas mangé
« les quarante mille francs du vol du mois de

« décembre avec M... et P... Je ne vous donne
« pas les adresses, car je crois que c'est inutile.

« ... Maintenant, inutile de m'écrire. Vous êtes
« comme le serpent. Vous avez le miel sur les
« lèvres et le venin dans le cœur. Il fait sem-
« blant de dormir, et il pince le premier qui
« s'approche.

« (*Signé* :) Amélie.

« Lyon, 16 février 1893. »

Quel jour de lanterne sourde cette lettre braque sur Renard, et quelle vie elle éclaire! On n'a jamais su qui l'avait écrite. Renard ne l'a jamais dit, et l'on se demande, en la lisant, si elle est même bien d'une femme.

Quatrième jour... L'affaire est close, et chacun des défenseurs, selon son talent, ou seulement sa manière, « maquille » le cas de son client; mais le jury n'est pas en humeur de philanthropie. Il n'est pas orienté de ce côté-là, et les condamnations pleuvent.

Renard, vingt ans de travaux forcés.

Tajan, dix ans.

Jalby, huit ans de reclusion.
Dubreuil, cinq ans.
Clusel, cinq ans.
Latrompette, dix ans.
Nicolle, cinq ans.
Fraise, deux ans de prison.
Pâris, deux ans.

Et le vieux Pâris, pourtant, avait retrouvé une larme au dernier moment.

Les plaidoiries finies, et, lorsque le président avait demandé aux accusés s'ils n'avaient plus rien à dire, on avait entendu comme une voix de vieux pauvre se mettre à dire son chapelet. C'était le vieux receleur qui sanglotait dans sa cravate, et il psalmodiait dans ses sanglots :

— Messieurs les jurés, je me recommande bien à vot' bonté!... J'ai soixante-quatorze ans, messieurs les jurés, et j'ai un vieil oncle qui en a quatre-vingt-huit... Et je vous demande grâce!... et je vous demande d'êt' indulgents... Oh! messieurs les jurés! Oh! messieurs les jurés!... De l'indulgence! de l'indulgence! Et si ce n'est pas pour moi, que ce soit au moins pour mon oncle!

ENTRE CLAQUEDENTISTES

Onzième chambre. Le baron de Mecklembourg, chambellan du roi de Suède, est assigné en police correctionnelle par deux gentlemen de l'Amérique du Sud, MM. Boléro et Lastaria. Nous sommes dans le monde des cercles, et nous allons entendre les avocats des parties.

Le premier, Me Crochard, est celui de M. Boléro et raconte, de ce ton pénétré dont le barreau a le don, l'aventure arrivée un soir à M. le baron de Mecklembourg.

— Messieurs, dit-il en substance, M. le baron de Mecklembourg, chambellan de Sa Majesté le roi de Suède, liait connaissance, dernièrement, au cercle de l'Escrime, avec M. Boléro, mon client, ainsi qu'avec M. Lastaria. Ces messieurs, quelques jours plus tard, dinaient ensemble au

Café de Paris, et, le diner fini, on faisait apporter des cartes... Le baron, au début, se tenait en dehors de la partie, mais cédait bientôt à l'exemple, perdait une première somme de vingt-quatre mille francs, acquittée séance tenante, et ne tardait pas, ensuite, à perdre soixante-seize mille autres francs pour lesquels il signait une traite, ne les ayant pas dans la poche. Cette traite, messieurs, M. le baron de Mecklembourg aurait dû, pour son honneur, la payer dans les vingt-quatre heures... Mais non! M. le chambellan cherchait d'abord à obtenir un délai de six mois, allait trouver le commissaire de police de son quartier, et ne craignait pas de déposer une plainte en escroquerie contre ses partenaires plus heureux, dans le seul but de gagner du temps et de ne pas payer ce qu'il devait... Eh bien! messieurs, la plainte a provoqué une instruction, et l'instruction, qu'a-t-elle établi? L'honorabilité et la correction parfaites de MM. Boléro et Lastaria! Une ordonnance de non-lieu a été rendue en leur faveur, et nous assignons aujourd'hui M. le baron de Mecklembourg pour dénonciation calomnieuse...

Mᵉ Crochard versait cette plaidoirie sur la tête du chambellan, quand on voit s'avancer, entre les banquettes, un monsieur en paletot de fourrure. Olivâtre, la barbe noire, souriant, l'homme au paletot de fourrure vient s'asseoir devant le tribunal avec l'aisance de quelqu'un qui se trouve chez lui, et Mᵉ Crochard s'écrie aussitôt avec un degré d'émotion de plus.

— Messieurs, voilà M. Boléro, le voilà !... J'allais regretter qu'il ne fût pas là, mais vous le voyez, il y est... Et, maintenant, cherchez M. le baron de Mecklembourg !... Il est loin, lui, M. le baron de Mecklembourg, et nous a simplement annoncé, quand il a senti arriver l'audience, que ses devoirs le rappelaient auprès de Sa Majesté Suédoise... Mais j'adresse une prière au tribunal. Je lui demande de réserver son jugement jusqu'à ce que nous ayons terminé notre enquête sur ce chambellan, jusqu'à ce que nous l'ayons fait venir ici, et nous posons, dès à présent, cette question à son sujet : « Est-il vrai qu'on l'ait expulsé du cercle Washington? Est-il vrai qu'il ait l'habitude de perdre et de ne pas payer? »

— Pardon, monsieur le président, interrompt alors M⁰ Berryer, l'avocat du chambellan, j'appuie la demande de mon adversaire, mais à une condition, c'est qu'on nous permette de faire, à notre tour, une enquête sur M. Boléro. Nous y produirons nos documents sur ses relations avec les maisons de jeu...

— Mais, messieurs...

— Maître Crochard, intervient doucement ici le président, si une plainte a été déposée contre M. Boléro, c'est, vous le savez, parce qu'il n'a pas de domicile...

— Comment, pas de domicile, réplique M⁰ Crochard, pas de domicile!... Mais il est propriétaire d'un immeuble à Paris même! Et ne trouve-t-on pas son adresse dans tous les cercles? N'est-il pas connu du monde qui se promène sur le boulevard de cinq à sept heures du soir?... Messieurs, on savait parfaitement où trouver M. Boléro, mais M. de Mecklembourg cherche à le faire passer pour un vagabond, afin de ne pas avoir à le payer! M. Boléro est là, et M. de Mecklembourg n'a pas osé se présenter!

M. Boléro est propriétaire, et M. de Mecklembourg loge à l'hôtel Terminus !... M. de Mecklembourg, messieurs, se croit beaucoup de choses permises parce qu'il a une clef dans le dos !

* * *

Pendant toute cette plaidoirie, M. Boléro avait bu du lait, mais il en savourait à peine la dernière goutte, approuvant de la tête dans le collet de sa pelisse, que l'avocat du chambellan commence à peu près ainsi :

— Messieurs, on vient de vous faire le portrait de M. de Mecklembourg, je vais vous faire celui de M. Boléro... Il était appelé, il y a quelque temps, chez M. le juge d'instruction qui l'interrogeait sur ses moyens d'existence, et il lui répondait par ces paroles consignées au procès-verbal : « Ma fortune, monsieur le juge, consiste en terres situées dans la province de Santa-Fé, et qui peuvent valoir de trois cents millions à un million. »

Une vague hilarité, à cette appréciation de M. Boléro sur ses terres, commence à courir dans l'auditoire, et Mᵉ Berryer continue :

— Maintenant, on vous a dit que M. Boléro était propriétaire? Eh bien! nous avons voulu savoir si c'était vrai; nous sommes allés au deuxième bureau des hypothèques, et là, nous avons constaté, officiellement, qu'il n'y a jamais eu de Boléro propriétaire à Paris... Enfin, messieurs, on vous a raconté le dîner du Café de Paris d'une certaine manière... Nous allons vous la raconter d'une autre.

Et l'avocat du chambellan nous fait le tableau des trois convives arrivant au restaurant. Les deux gentlemen de l'Amérique du Sud voulaient absolument dîner dans un cabinet particulier, tandis que le baron suédois préférait la salle commune... Mais les Américains tenaient à leur cabinet, et on finissait par y monter... On dîne, les Américains allument alors le tapis par un petit écarté entre eux, et le chambellan se laisse tenter. Il prend les cartes, gagne d'abord, et se dispose à s'en aller, quand Boléro se met devant la porte et, d'un ton de plaisanterie aimable, mais avec un bras de fer en travers de la sortie : « Monsieur le baron, vous ne vous en irez pas, ou vous allez rendre l'argent! » Le baron était bloqué. Il se rassied, accepte la revanche, perd cette fois coup sur coup vingt-quatre mille, puis soixante-seize mille francs, et Boléro, toujours aimable, tire à ce moment de sa poche une formule de traite toute prête : « Monsieur le baron, si vous voulez bien signer... »

— Mais de quoi donc, ajoute M° Berryer, M. Boléro se mêlait-il, après tout, avec sa traite? Car ce n'était pas avec lui, Boléro, que jouait M. de Mecklembourg, c'était avec Lastaria ! Mais Boléro, pendant ce temps-là, se promenait autour de la table, regardait le jeu du baron, et s'agitait comme un télégraphe. Il n'était pas de l'affaire, et cependant il en était! Et qui est-ce qui présente la traite à signer ? C'est Boléro ! Qui est-ce qui va la porter chez un premier escompteur? C'est Boléro ! Qui est-ce qui va ensuite chez un second escompteur? C'est Boléro ! Qui est-ce qui se remue, donne les rendez-vous, fait les courses, tâche de battre monnaie ? C'est Boléro ! Et que voyons-nous ici ? Boléro !

Un fou rire, décidément, tord la salle, et, un instant après, pendant que le tribunal remet son jugement à huitaine, on entend grogner une voix, cette voix bien connue de l'Amérique du

Sud, qui est la même dans tous les gosiers de la Bolivie et de ses environs.

Et quelle est cette voix? C'est Boléro! Qui grogne? Boléro! C'est encore Boléro et toujours Boléro!

LE MYSTÈRE DE PUTEAUX

Cinquante et un ans, chauve, la figure austère et longue, avec une barbe très noire, tristement blanchie aux joues, et deux petits yeux brillants d'ermite, le père L... est un vieil ouvrier teinturier. Son passé est irréprochable, sa réputation excellente ; on ne trouve pas une faute dans sa vie. Sa femme, Mme L..., est ménagère, très estimée des personnes qui l'emploient ; ses filles, Irma et Louise, sont deux honnêtes ouvrières, et, grâce à sa conduite et à son courage, aidé par le courage et la conduite des siens, il est arrivé, après vingt-cinq ans de travail et d'économie, à une petite fortune d'une quinzaine de mille francs, à l'honorabilité matérielle. Aussi est-ce une véritable stupéfaction de voir ce travailleur sans reproche, cet homme sans passé judiciaire, sans défaillance, accusé d'un assassinat vulgaire, du meurtre d'une vieille femme pour lui voler son argent. Il n'existe contre lui, il est vrai, que des présomptions, mais des présomptions terribles! Qui sait? Et il est là sur le banc, toujours correct et poli dans sa tenue de bon ouvrier, proprement boutonné dans son gilet de laine, penchant seulement un peu la tête, et protestant de son innocence avec une obstination qui vous angoisse et finit par devenir automatique.

Est-il coupable? Ne l'est-il pas? Mystère!

Il y avait, à Puteaux, au coin de la place de la Mairie, à une centaine de mètres de la Seine, une vieille veuve, vivant seule, et qu'on appelait Mme Jean. Propriétaire de plusieurs maisons occupées par des locataires, elle possédait une rente de cinq à six mille francs, mais ne cessait pas de crier misère, et son caractère soupçonneux l'avait brouillée avec tout son voisinage. Elle était affreusement peureuse, tenait toujours sa porte barricadée, et ne laissait entrer chez elle qu'avec toutes sortes de précautions. Quand on frappait, elle montait d'abord au premier étage, regardait d'en haut qui était là, parlementait par la fenêtre, et ne redescendait pour vous recevoir que si on l'avait suffisamment rassurée. Elle se méfiait même de ses enfants, et avait refusé un jour d'ouvrir à sa fille, qui venait lui souhaiter sa fête avec un bouquet. Les L..., seuls, lui inspiraient un peu confiance; elle ne se verrouillait pas contre eux. C'étaient ses locataires, et le père L... lui rendait de petits services ; il achetait du vin pour elle à une Société coopérative dont il était membre.

Un matin, un ouvrier plombier, venant pour faire des réparations, trouvait, à sa grande surprise, la porte de la veuve Jean entre-bâillée, la poussait, et voyait la vieille femme étendue sur le dos dans sa petite salle à manger. Elle avait les bras en croix, la tête dans une mare de sang, et son tablier sur la figure. Il allait aussitôt prévenir la famille; on arrivait, et le commissaire de police faisait les constatations suivantes : la veuve Jean avait été assassinée d'un coup de marteau à la tête, la veille, avant de se coucher, tout de suite après avoir dîné, c'est-à-dire vers

4.

sept heures du soir, selon son habitude ; le lit n'était pas défait, et la digestion des aliments n'avait pas même commencé. On était entré sans effraction ni fausse clef, et bien que la vieille femme, on l'a vu, mît toujours ses verrous ; elle avait donc ouvert sans défiance à l'assassin. Au premier étage, en outre, les armoires avaient été fouillées, mais mal fouillées, comme ne fouillent pas les voleurs de profession ; le meurtrier, à la façon dont il avait cherché dans les meubles, ne paraissait pas être un malfaiteur ordinaire. Enfin, la veille au soir, vers sept heures, un enfant, le petit Pfeffer, allait acheter du vin chez un débitant du voisinage, et passait devant chez la veuve Jean, lorsqu'il avait vu un homme frapper chez elle, la vieille ouvrir sa porte, et l'homme entrer ; cet homme portait une casquette, un vêtement collant au corps et une barbe en fer à cheval. Or, les L... devaient déménager, et, la veille, à la même heure, L... était sorti de chez lui, disant qu'il allait signifier son congé à Mme Jean ; il portait précisément une casquette, un gilet à manches, et la barbe en fer à cheval. Les L... occupaient la maison contiguë à celle de leur propriétaire, et il était resté un quart d'heure absent. Était-il donc vraiment allé chez la vieille femme pour l'assommer? L'avait-il tuée? Etait-il ensuite monté fouiller les armoires? En rentrant, il avait dit à sa femme qu'il avait frappé à plusieurs reprises chez Mme Jean, mais qu'elle n'avait pas voulu ouvrir.

Certes, les présomptions sont nombreuses, pour ne pas dire accablantes. Et, cependant, que d'autres possibilités! Et l'accusé nie avec une douceur et une tristesse déconcertantes. Et quel singulier crime, quel crime invraisemblable et bizarre aurait commis cet homme honnête, rangé et laborieux! Ce serait un crime de bon père de famille et dont on pourrait dire ce qu'on dit de certaines valeurs de Bourse; ce serait un crime de « tout repos » !

Que va nous apprendre l'interrogatoire?

— L..., levez-vous... D'après l'acte d'accusation, c'est vous qui auriez tué la veuve Jean pour la voler?

— Monsieur le président, répond le père L..., je suis innocent *comme l'enfant qui vient au monde*,

— L'accusation est pourtant formelle, il y a des faits reconnus qui sont à votre charge, et, d'autre part, vous avez continuellement varié dans vos déclarations. Vous êtes en contradiction avec votre femme, avec vos filles, avec l'enfant qui a vu l'homme auquel ouvrait Mme Jean, enfin avec vous-même... Voyons, êtes-vous allé chez la veuve Jean, sous prétexte de lui donner congé? vous a-t-elle ouvert sans méfiance, et l'avez-vous assassinée?

— Je vous demande mille pardons, monsieur le président... Je suis absolument innocent!

— On a donné partout d'excellents renseignements sur vous, mais on vous représente comme taciturne, comme peu communicatif.

— C'est que je n'aime pas beaucoup fraterniser avec le monde, monsieur le président.

— Vous passez aussi pour excessivement économe?

— C'est vrai, j'en conviens, je suis intéressé...

Toutes ces réponses sont faites sur le même ton de douceur résignée, avec un accent de placidité morne, et la tenue est convenable, immobile, comme pétrifiée; les paupières, seulement, battent fréquemment, les yeux brillent d'une flamme sournoise, la barbe semble avoir blanchi de souffrance, et le refrain revient toujours le même :

— Je suis innocent, monsieur le président, je suis innocent!

※
※ ※

La première audience ne nous a rien appris... La seconde nous dira-t-elle quelque chose ?

L..., hier, portait toute sa barbe. Aujourd'hui, il a les joues rasées, et se montre avec cette fameuse barbe en fer à cheval qu'il avait au moment du meurtre. On veut, évidemment, que les témoins puissent le reconnaître plus facilement, mais l'impression qu'il fait ainsi est plutôt plus favorable. Il a la physionomie moins enfouie et moins sournoise. Sa figure est plus claire, elle semble plus honnête, et les témoins commencent leur défilé, le commissaire de police de Puteaux, les enfants de la victime, les Brenu et les Bourgeois, l'ouvrier plombier. Ils parlent tous de la méfiance de la veuve Jean, de sa peur des voleurs et des assassins, déclarent qu'elle ne pouvait avoir ouvert sa porte qu'à une personne lui inspirant dix fois confiance, et reviennent tous sur le petit Pfeffer, qui a vu l'homme à la barbe en fer à cheval devant chez la vieille... Mais aucun n'accuse, ou n'ose accuser L... Aucun n'insinue même quoi que ce soit contre lui. A la façon dont ils déposent, on ne devine même pas ce qu'ils pensent, et ils paraissent, en effet, ne pas savoir que penser. Puis, on introduit la femme de l'accusé, une femme à cheveux gris et en bonnet, avec un fichu de laine sur les épaules; elle peut à peine parler, ne se rappelle rien, se trouve subitement sans mémoire, et le vieux L..., à ce moment-là, se met à pleurer; les coins de sa bouche rejoignent tout à coup ses oreilles, ses yeux se brident, et il a l'air d'éclater de rire. Mais il sanglote... Puis, il reprend son impassibilité, sa figure immobile, ses paupières clignotantes, et voit ainsi défiler ses filles, l'huissier, d'autres personnes; et le petit Pfeffer arrive, sur qui tout le mystère repose.

— Eh bien! mon petit ami, lui dit le président, vous ne pouvez pas jurer, puisque vous n'avez pas seize ans, mais vous savez qu'il ne faut pas mentir... Voyons, qu'avez-vous vu?

Alors, le petit bonhomme, à qui la barre vient au menton, commence avec sa petite voix :

— Il y avait un homme devant chez madame Jean... Et puis, il a frappé... Et puis, j'ai vu de la lumière...

— Et puis?

— Et puis, Mme Jean a ouvert... J'ai entendu comme un cri de souris, et puis une chaise qui est tombée... J'avais peur et je me suis sauvé...

— Et pourquoi aviez-vous peur? Vous pensiez donc que cet homme faisait du mal à Mme Jean?

— Oui, m'sieu.

— Et, dites-moi, mon enfant, comment était cet homme?

— Il était tout noir, avec une casquette, et un petit morceau de barbe.

— Était-il comme cet homme-là? demande alors le président en faisant lever l'accusé, à qui l'on a fait mettre la casquette et le gilet qu'il portait le soir même du crime.

L'enfant regarde bien, hésite, puis finit par répondre :

— Non, m'sieu!

*
* *

Et l'énigme reste entière! Énigmatique? l'accusé l'était au début, avec sa barbe. Il l'était encore, les joues rasées. Il l'est toujours sous son déguisement de meurtrier... Est-ce lui? N'est-ce pas lui? On n'en sait rien, quoiqu'il soit acquitté. On n'en saurait pas davantage, s'il avait été condamné !

L'HOMME BRUN...

Se souvient-on encore de l' « Homme brun », dont il fut tant question dans le triple assassinat de la rue Montaigne? Il semblait difficile qu'un seul assassin eût égorgé trois femmes, pour ainsi dire en même temps, dans des chambres contiguës, sans qu'on eût entendu un cri ou le bruit d'une lutte. La concierge de la maison, en outre, avait vu, le soir du meurtre, monter chez la victime un homme qu'elle déclarait « brun » et dont le signalement, par conséquent, ne correspondait pas avec la figure de Pranzini, qui était blond. Un cocher de fiacre, enfin, prétendait avoir conduit, le lendemain de l'assassinat, deux messieurs dont l'un, déclarait-il, était bien Pranzini, et dont l'autre, affirmait-il, était « brun ».

Il en résulta l'hypothèse, ou la légende, d'un complice « brun » ; on se mit à sa recherche, et l'on finit par arrêter un certain baron de Waller. Ce baron de Waller, un baron d'hôtel garni, n'était pas, en effet, un modèle de moralité. Il avait subi, en Angleterre, huit ans de *pénale servitude* pour un faux commis au préjudice d'un lord, et répondait parfaitement, avec tout cela, à la physionomie présumée du fameux « homme brun ». Aucune preuve, néanmoins, n'existait à sa charge, sinon peut-être sa figure, des coïncidences, et une certaine manière de vivre analogue à celle dont vivait Pranzini. Il fut donc relâché, mais resta toujours « l'homme brun », et n'avait pas d'ailleurs que cette célébrité ; on l'appelait aussi « le roi des pick-pockets », pour la dextérité d'artiste avec laquelle il allégeait les poches ; il allégeait même encore dernièrement celle d'un lieutenant de dragons, et se retrouve aujourd'hui sur le banc de la onzième chambre.

*
* *

Il est très brun, effectivement, d'un brun hâlé et tanné de loup de mer que paraissent avoir brûlé à dose égale les colonies et les public-house, d'un brun où il y a de l'eau-de-vie et des galères. Un beau gaillard, du reste, avec un haut col blanc cassé, une jaquette noire bien collante, et des cheveux festonnés et pommadés sur une figure ravinée et boucanée de corsaire maigre où les moustaches se retroussent en éparpillant leurs extrémités en éventail. Et très Anglais, très gentleman ! On ne peut plus Anglais et plus gentleman ! Parlant avec l'accent le plus suavement et le plus aériennement anglais qu'on ait jamais entendu !

— C'est fiaux, mossieu le présidente, proteste-t-il à toutes les accusations... Fiaux, fiaux !... Je soui inocente, tut à faite inocente ! Tut à faite ! tut à faite !

Comment, d'après les témoins, l'événement s'est-il donc produit?

Le lieutenant se trouvait à l'hippodrome de Vincennes, et suivait les péripéties d'une course, quand un mouvement de foule se fit autour de lui, comme s'il s'était passé quelque chose. Il se retourne, et un gentleman, en même temps, lui tend gracieusement, pour le lui rendre, un petit paquet de billets de cent francs qui, disait-il, venait de tomber de sa tunique. « Mais non, monsieur, criait en même temps une dame indignée ; mais non, mais non, mais non! Ils ne sont pas tombés, on vous les a volés! » Tumulte, bousculade. Le lieutenant remet d'abord ses billets à l'abri, puis les agents arrivent, arrêtent le gentleman ; on s'explique chez le commissaire, et le gentleman reste finalement sous clef. Le dragon, d'ailleurs, ne s'était pas plus aperçu de la présence d'une main dans sa poche que si cette main avait été un zéphir.

— Vous n'avez pas senti un petit mouvement? lui demande le président.

— Rien du tout!

— Les billets ont-ils pu tomber de votre poche?

— C'est impossible.

— Alors, on vous les a certainement volés?

— Certainement.

— Mais c'est fiaux, mossieu le présidente, proteste de nouveau le baron avec une parfaite élégance de geste, c'est tut à faite fiaux, tut à faite!... J'ai tès bien vu tomber les billettes!... J'ai vu tomber les billettes!...

Et pourquoi le baron rendait-il ainsi, avec le

sourire aux lèvres et toutes les apparences de la délicatesse, l'argent qu'il avait commencé par prendre?

Ici, Mme Toulouse, la dame indignée qui a crié au lieutenant qu'on l'avait volé, va nous renseigner. Mme Toulouse est concierge, suit assidûment les courses, et se présente à la barre coiffée d'un chapeau à aigrette claire, sanglée dans un corsage émaillé de jais.

— J'étais dans le pesage, nous raconte-t-elle, quand j'ai vu un homme s'y glisser et mettre la main dans la poche d'un officier. J'ai voulu savoir si c'était une plaisanterie, et je n'ai pas perdu l'homme de l'œil. Il s'est aperçu que je le voyais, m'a regardée, a remarqué que je ne le quittais plus des yeux, et s'est approché de moi en me saisissant le bras : « Madame, m'a-t-il dit, madame, vous allez vous taire ! » Puis, il a voulu se sauver, il y a eu un mouvement, et c'est alors qu'il a rendu les billets, en faisant semblant de les avoir trouvés par terre. Ensuite, nous sommes allés chez le commissaire, et là, il m'a encore saisi le bras : « Madame, m'a-t-il dit en me serrant encore plus fort, j'ai une mère à soutenir. » Moi, je lui ai répondu que ce n'était pas une raison pour un homme de voler l'argent dans les poches parce qu'il avait encore sa mère, et il m'a dit alors à l'oreille en me serrant toujours de plus en plus fort : « Madame, prenez garde ! Madame, prenez bien garde ! Vous savez, je m'en souviendrai ! »

— Mais c'est fiaux ! c'est fiaux ! c'est fiaux ! tut à faite fiaux ! s'écrie toujours l'accusé !.. Mais c'est tut à faite fiaux ! tut à faite fiaux ! tut à faite !

Et Me Henri Robert soutient par ses haussements d'épaule les dénégations de son client.

— D'ailleurs, demande-t-il froidement, qu'est-ce que Mme Toulouse, qui est concierge, pouvait bien aller faire aux courses ?

« L'homme brun », s'il faut en croire d'assez nombreux témoins, avait d'ailleurs de fréquentes aventures comme celle de Vincennes. Un jour, aux courses de Rambouillet, tout le monde lui saute au collet, le secoue, et l'entraîne à la gendarmerie. Puis, la personne qui avait eu à se plaindre de lui s'arrête tout à coup avant d'entrer, le lâche, et le laissant partir : « Bah! qu'il aille se faire pendre ailleurs! » Un autre jour, à Chantilly, toujours aux courses, la foule le saisit encore à la cravate, et les agents, cette fois, l'emmènent au poste. On le fouille, on le déshabille, on lui enlève jusqu'à sa chemise; chacun est persuadé qu'il a sur lui le porte-monnaie qu'on l'a vu prendre, et on le tourne, on le retourne, on le sonde dans tous les sens... Mais rien! On ne retrouve rien, il faut encore le relâcher, et il passe ainsi sa vie à être colleté, enlevé, fouillé, mis en costume primitif, puis rendu à la liberté pendant qu'il proteste de sa gentlemanerie! A cette vie-là, seulement, le baron s'est fait un dossier qui est un véritable monument, et il a beau nier, protester, s'écrier avec son accent anglais : « Fiaux! fiaux! tut à faite fiaux »; il *empoche* quinze mois de prison.

* * *

A la sortie, une véritable émeute éclate dans les couloirs, et des voix furieuses crient violemment à quelqu'un :

— Voulez-vous deux francs? Voulez-vous deux francs?

???

Qu'était-ce?

« L'homme brun » inspire, paraît-il, de vives et nombreuses passions, et deux femmes bousculaient la malheureuse Mme Toulouse en lui répétant insolemment :

— On donne deux francs aux témoins pour leur déplacement, madame...! Voulez-vous deux francs?... Oui, madame!... Oui, madame!...

Et elles la poursuivaient, la cognaient, la bourraient de coups de coude en lui criant avec une effroyable haine :

— Voulez-vous deux francs, madame? Voulez-vous deux francs?

L'AFFAIRE DEACON

―――

« J'ai rencontré *Madame* pour la première fois à Newport, et je lui ai fait la cour... »

C'est ainsi que M. Deacon commence à raconter son mariage, dans la touchante confession écrite confiée à l'un de ses conseils, et son récit, où il appelle ainsi sa femme *Madame* a quelque chose de charmant et d'enfantin dans la jolie barbarie de son demi-français.

Madame, à cette époque, n'a que dix-huit ans, et vit avec son père, l'amiral Baldwin, et Mme Baldwin, sa belle-mère, la seconde femme de l'amiral. Les deux fiancés font connaissance, se quittent, ne se revoient que l'année suivante à Paris, à l'Exposition de 1878, et il lui demande alors de l'épouser. Elle consent, l'amiral aussi, et le père met seulement une condition au mariage :

— Ma fille, dit-il au fiancé, n'a pas encore beaucoup vu le monde, et je désire qu'elle le voie pendant un an avant de prendre une détermination définitive. Attendez un an, et, si elle veut encore être votre femme dans un an... eh bien! elle le sera...

— C'est entendu! répond M. Deacon.

— Entendu, répond aussi la jeune fille.

Et ils se séparent encore, se retrouvent de nouveau au bout d'un an, se marient selon leur parole, et la fortune du ménage s'établit alors ainsi : M. Deacon apporte 30,000 francs de rente, et *Madame*, au moyen d'un *settlement* consenti à des *trustees* par son père, apporte, pour sa part, une rente de vingt mille francs. Chaque époux, en Amérique, administre sa fortune de son côté, mais M. Deacon ne se conforma pas à l'usage. Était-ce une délicatesse de sa part, et parce qu'il était plus riche que sa femme à ce moment-là ? Toujours est-il qu'ils font d'abord bourse commune. Ils étaient d'ailleurs très unis, et leurs caractères s'accordaient sans se ressembler. Ils s'aimaient passionnément, et rien n'est sincère, dans sa netteté, comme ce témoignage du mari désabusé :

« *Madame* était très sérieuse, et toujours ses
« camarades étaient des dames bien... C'était
« une femme tranquille ; elle avait un enfant
« tous les deux ans. *J'avais commencé* en 1879,
« avec notre aînée qui a douze ans, et nous
« avons eu en tout cinq enfants : *une* de douze,
« *une* de sept, *une* de cinq, *une* de dix-huit
« mois, et une morte, il y a dix ans... »

Leur bonheur dure donc neuf ans. Neuf ans, ils naviguent et courent le monde, suivis de tous ces bébés qui leur arrivent à époque fixe, qui grandissent sur les paquebots, et leur naissent sous tous les ciels ! Pendant neuf ans, ils ne cessent pas de voyager, à Londres, en France, en Amérique. Ils ne dorment qu'à l'hôtel, en sleeping-car ou en bateau ! Et ils étaient heureux, heureux depuis neuf ans, quand, en 1888, Mme Deacon se fatigue de cette vie errante, et veut habiter Paris. Ils y louent un appartement, fréquentent dans les salons, et rencontrent, un soir, chez Mme Edmond de Rothschild, un certain monsieur Abeille qui se fait présenter à eux. Ce M. Abeille leur plaît tout de suite, et, à partir de ce jour, M. Abeille ne les quitte plus. On ne l'aperçoit plus qu'avec M. Deacon. Ils ne sortent plus qu'ensemble, ne s'occupent plus d'affaires qu'ensemble, et les Deacon, à l'approche de l'été, louent une villa près de Trouville, à Villers, pendant que M. Abeille s'installe à Trouville même. Hélas ! c'est de ce voisinage, qu'il avait désiré, qu'il avait lui-même provoqué, que datent, chez M. Deacon, les premiers germes de jalousie. Cet ami toujours là, à toute heure, qu'on retrouve partout, ce compagnon sans lequel on ne peut plus vivre, et qui lui était d'abord indispensable, tourmente bientôt le pauvre mari. Il en parle à sa femme, lui demande si ces continuelles visites ne la « gênent » pas, s'il ne serait pas bon de les espacer, et il n'en faut pas plus, il suffit d'un mot de lui, d'un signe, pour que les visites soient immédiatement moins fréquentes, plus rares encore, et pour que M. Abeille finisse par leur annoncer qu'il s'en va terminer la saison ailleurs.

M. Deacon se sent tout soulagé, sans réfléchir, pourtant, que cette parfaite et miraculeuse obéissance est peut-être précisément trop parfaite et trop merveilleuse. Quoi qu'il en soit, tout soupçon disparaît pour quelque temps de son esprit, et ils rentrent à Paris, fort tranquilles et fort unis, quand, le jour même de leur retour, on lui remet une lettre... Il l'ouvre... l'enveloppe ne contenait qu'une fiche de télégramme... Pas de date, pas de signature, un mauvais papier anonyme... Et qu'est-ce qu'il lit dessus?... « *M. Abeille est l'amant de Mme Deacon...* »

Il froisse la fiche télégraphique, tout étourdi de ce qu'il a lu :

— Tenez, dit-il à sa femme en lui tendant le bout de papier.

— Oh! s'écrie-t-elle, quelle horreur!

Ils n'en disent pas davantage, et déchirent l'ignoble billet... Mais, trois jours après, nouvelle lettre, et d'autres arrivent encore. Il en reçoit six en moins d'un mois.

— Quelle horreur! répétait toujours Mme Deacon.

Et M. Abeille disait, de son côté, quand on lui montrait ces lettres :

— Oui, c'est une horreur!... Mais que voulez-vous? C'est le monde!... Si vous saviez ce qu'il y a de maris à qui on en envoie autant!

M. Deacon, cependant, ne s'habituait pas à être de ces maris-là, et voulut cesser des relations qui excitaient à ce point la calomnie. Il en parle à Mme Deacon; elle n'objecte rien, et M. Abeille ne revient plus.

Le pauvre homme, seulement, devait expérimenter jusqu'au bout cette méchanceté mondaine dont M. Abeille, en homme de salon, parlait comme d'une de ces petites fatalités parisiennes auxquelles on ne fait même plus attention. On était en automne, et les Deacon, à ce moment-là, se trouvaient chez M. de Rothschild, à Ferrières, où M. Abeille était également invité, comme s'il devait toujours être où ils étaient, lorsqu'une dépêche d'Amérique appelait Mme Deacon auprès de son père mourant. Elle part immédiatement, laisse M. Deacon avec les enfants, et voilà le mari seul, pensant à sa femme absente, songeant à ces soupçons qui sont maintenant dans son cœur, et qui ont déjà tant gâté leur affection! Lui reviennent-ils plus particulièrement? Le poussent-ils à des recherches, à des furetages? Il ne le dit pas, mais découvre, un jour, en rangeant des papiers, une note de linge de six mille francs, acquittée, et qu'il ne connaissait pas! Une note de six mille francs qu'il ne connaissait pas! Qui donc avait pu la payer? Et les lettres anonymes avaient repris;

il lui en arrivait une à présent tous les vendredis ; elle revenait comme un jour de réception.

Il va alors questionner les amies de sa femme, leur demande inconsidérément si elles savent comment Mme Deacon a payé ce linge, si elles en ont entendu parler, et finit par écrire à Mme Deacon elle-même, qui lui riposte par une réponse indignée... Ce linge était un cadeau de l'amiral, un don paternel fait en cachette. L'amiral, depuis leur existence mondaine, leur avait souvent reproché leurs dépenses ; craignant qu'ils ne tombassent dans la gêne, il avait augmenté le trousseau de sa fille, mais en lui recommandant le secret, et le pauvre mari, à cette révélation, se réveille de son mauvais rêve. Il renaît, il est heureux, s'en veut de ses affreux soupçons, et la vie reprend entre eux, au retour de Mme Deacon. L'amiral, à présent, est mort ; ils sont en deuil, ne sortent plus, restent enfermés chez eux, et ne tardent pas à partir avec les enfants pour l'Amérique, où le règlement de la succession exige leur présence. Mais toute tranquillité, même loin de Paris et dans le recueillement du deuil, est devenue impossible pour

M. Deacon, et il découvre, un jour, une lettre de
M. Abeille, en cherchant du papier dans la petite
caisse de sa femme. Il le croyait oublié! Mais
M. Abeille ne l'était pas, et il parlait, dans cette
lettre, de bien des choses, racontait qu'il était
candidat aux élections, et terminait par ces mots:
« Pourquoi avez-vous rompu avec moi? Je tiens
« tant à vous! »

— Quelle est cette lettre? demande alors
M. Deacon, qui avait la sueur froide au front.

Mais Mme Deacon ne répond pas.

— Quelle est cette lettre?

Elle hausse les épaules.

— Je veux savoir quelle est cette lettre!

Elle répond enfin aigrement :

— Cette lettre!... mais ce n'est rien, cette
lettre! Qu'est-ce qu'elle signifie? Rien du tout!...
Il y a une impertinence, c'est vrai... Mais on
ne peut pas empêcher les gens d'être imperti-
nents!... Et puis, qu'est-ce qu'elle prouve?...
Que j'ai rompu?... Eh bien?...

La lettre, effectivement, prouvait la rupture, et que la rupture persistait; mais s'il y
avait eu rupture, il y avait donc eu liaison?...
Le soir, M. Deacon voulut encore la relire, pour

bien en peser tous les mots, mais il ne la retrouva plus, la lettre avait disparu, et la jalousie, alors, le posséda plus que jamais; il l'avait chevillée dans le corps, elle lui flambait dans le sang, et tout devenait pour lui objet de soupçon et de supplice. Mme Deacon, depuis son héritage, était plus riche que lui; elle avait quatre-vingt mille francs de rente quand il n'en avait que trente mille, et il exigea que chacun reprît l'administration de sa fortune. Il ne sentait plus sa femme à lui, ne voulait plus rien de commun entre elle et lui, et ils ne firent plus bourse commune. Puis, ils revinrent à Paris; leur deuil allait finir, Mme Deacon eut envie d'un collier, et M. Deacon le lui acheta, mais le collier devint encore un sujet de querelle et de tourment quand on apporta la facture.

— Comment! s'écria-t-il. Ce collier ne coûte que trois mille francs? C'est impossible! Il doit coûter plus cher.

— C'est une occasion, prétendait le bijoutier...

Mais il ne pouvait pas croire que ce fût bien là effectivement une occasion, et se demandait, en souffrant atrocement, si cette occasion, par hasard, n'était pas le concours d'une autre bourse, la main d'un autre qui se glissait dans le payement du prix, et si le cadeau qu'il avait fait n'était pas, sans qu'il le sût, un cadeau à deux!

* * *

Une longue phase de calme succède ensuite à la crise du collier. « Il n'y eut plus rien jusqu'au 22 mai 1891 », raconte le pauvre homme dans sa confession. Mais le 22 mai va marquer parmi les dates noires. Mme Deacon, à ce moment, relève de couches, et n'est pas encore rétablie. Ce jour-là, pourtant, elle a l'idée de sortir, mais son mari l'en détourne, et elle lui répond avec une docilité aimante :

— Vous avez raison, je ne sortirai pas.

Il aurait bien voulu ne pas s'absenter non plus, mais il devait dîner chez Voisin, s'y rend, et repart au dessert, pour rentrer plus tôt chez lui. Il n'éprouve, ce soir là, aucun sentiment de méfiance, et ne pense qu'à la joie de revoir sa femme plus vite, au plaisir qu'il espère vraiment lui causer. Il veut, comme il le dit, « faire une surprise à *Madame* », et *Madame*, en effet, dès qu'elle le revoit, accourt toute gaie à sa rencontre, lui saute au cou, et l'embrasse...

Mais pourquoi cette tendresse le refroidit-il tout à coup?

— Qu'est-ce qu'il y a donc, lui demande-t-il tout de suite, en sentant on ne sait quoi de factice et de nerveux dans cette expansion trop vive.

— Ce qu'il y a? Mais je suis contente.

— Vous êtes toute drôle... Est-ce qu'il s'est passé quelque chose?

— Mais rien du tout!

— Rien du tout?

— Mais absolument rien!

— Eh bien! je vous le répète, vous avez l'air toute drôle...

Il se met en même temps à regarder partout, derrière le lit, les meubles, les portières, et trouve... M. Abeille caché derrière un rideau.

— Qu'est-ce qu'il fait ici? bégaie-t-il alors stupidement, foudroyé par sa découverte.

Puis, il se précipite dehors comme un fou, ne songe plus d'abord qu'à trouver des témoins, appelle le maître d'hôtel, rentre, court au rideau... Mais M. Abeille n'y était plus, et Mme Deacon lui demande en se mettant à rire :

— Mais pourquoi ne l'avez-vous pas jeté par la fenêtre, puisque vous vouliez vous en débarrasser?... C'était le cas!

Et cette question, à partir de ce jour-là, revient dans toutes leurs disputes.

— Mais pourquoi, encore une fois, ne l'avez-vous pas jeté par la fenêtre?

Elle ne cesse plus de l'assassiner de ce reproche et commence, en même temps, à se plaindre violemment de lui auprès de son frère et de sa belle-mère.

— C'est un tyran, leur répète-t-elle, c'est un tyran! M. Abeille n'était venu que pour savoir de mes nouvelles, et, s'il s'est caché, c'est précisément parce que M. Deacon est un homme impossible, un tyran, un homme tyrannique, abominablement tyrannique, un tyran!

Et elle lui répète toujours ironiquement :

— Mais pourquoi, encore une fois, ne l'avoir pas jeté par la fenêtre?... Mais il fallait le jeter par la fenêtre!... Vous n'aviez qu'à vous en débarrasser comme ça!... C'était le cas... Pourquoi ne l'avez-vous pas jeté par la fenêtre?...

※
※ ※

Pour le monde, et pour leurs enfants, un rapprochement s'était cependant encore opéré entre eux. Ils avaient repris toutes les apparences de la vie commune, sortaient et se montraient ensemble. Un jour, il la conduit à Versailles pour le Grand Prix. Ils descendent à l'hôtel des Réservoirs, et là, par une réaction de caractère qui est bien d'un jaloux, pour faire parade de confiance et donner tort à l'accusation de tyrannie dont elle le poursuit, il lui dit qu'il va rentrer à Paris, mais que s'il fait beau, et si elle en a envie, elle pourrra prolonger son séjour quelque temps... Le lendemain, il pleuvait à verse, et il lui télégraphie aussitôt de revenir; mais elle lui répond que la pluie ne l'effraye pas, qu'elle reste, qu'il n'ait pas à s'inquiéter, et il en est alors tout bouleversé. Qu'elle fût restée en cas de beau temps, il l'avait lui-même proposé, et l'aurait fort bien admis; mais avec la pluie!... Il n'en supportait plus l'idée. Et il saute en chemin de fer, arrive, débarque chez elle un instant après :

— Comment, vous! s'écrie-t-elle furieuse...
Mais pourquoi venez-vous?

— Mais pourquoi ne revenez-vous pas?

— Je dine ce soir avec des amies.

— Des amis?

— Non, des amies... Mme X..., Mme Y..., Mme Z...

— Je les connais. Je vais rester aussi...

— Jamais!... Vous ne resterez pas!... *C'est un dîner de dames seules...* Vous êtes fou!...

Et il repart!...

Après l'impulsion qui l'a conduit à Versailles, il ne sent plus que le regret d'y être venu, la honte mêlée de soulagement d'être tombé sur ce dîner de dames seules, et, malheureux, torturé, battu, ballotté par toutes sortes de sentiments et de remords, ne sachant plus ce qu'il doit croire, s'il doit avoir des soupçons ou n'en pas avoir, il vient se consoler auprès de son beau-frère et de Mme Baldwin. Ils connaissent son cœur, l'aiment malgré toutes les tempêtes du ménage, et il leur confie son martyre.

— Tenez, lui dit alors Mme Baldwin en le consolant, vous êtes trop jaloux... Vous le laissez surtout trop paraître, vous suivez trop vos moindres mouvements... Et puis, emmenez donc une bonne fois votre femme avec vos enfants en Amérique... Vous n'aurez jamais la paix que là... Mais ne vous montrez plus surtout si jaloux. Ne soyez plus comme vous êtes!

— C'est vrai, pense-t-il.

Et il s'examine, se donne tort, s'excuse auprès de sa femme.

— Écoutez, lui avoue-t-il, j'ai été trop loin, j'ai manqué de raison, mais je n'en manquerai plus, je vous le promets!... Je vous demande seulement une chose...

— Laquelle?

— Voulez-vous retourner en Amérique?

— Jamais!

— Jamais?

— Non, jamais. Retournez-y si vous voulez, emmenez les enfants, allez-vous-en, partez, disparaissez... Moi, je reste...

A cette réponse, il est bien encore sur le point d'éclater, mais il se contient, songe aux conseils qu'il a reçus, à ses résolutions, pense qu'il a peut-être encore plus offensé et blessé sa femme qu'il ne le croit, se dit qu'il faut être doux, qu'il a soupçonné injustement aussi certaines personnes, que c'est lui le coupable, lui qui a décidément tous les torts, qu'il a toujours été un homme insupportable, et il va, un soir, trouver une dame, s'accuse de l'avoir soupçonnée de perdre Mme Deacon, la prie de lui pardonner, et lui dit en lui secouant loyalement les mains par de grands *shake hands :*

— Pardon, madame, pardon!... J'ai pensé et dit de vous des choses qui n'étaient pas justes... Mais je me suis trompé!... Pardon, pardon, pardon!... Je vous demande pardon, je vous demande bien pardon!

* * *

La lettre anonyme est-elle décidément dans les mœurs des mondains? Est-elle pour eux une récréation perverse, une façon de s'amuser en faisant souffrir, de blesser sans se montrer les gens qu'on n'aime pas, une sorte de « bal masqué » dans un fauteuil? Il faut le croire, car M. Deacon recommençait encore, à la nouvelle saison d'hiver, à recevoir ces petits billets qui lui chantaient sur tous les tons : *M. Abeille est l'amant de Mme Deacon...* Et les billets entraient même dans les détails, modulaient des nuances, et précisaient d'une façon terrible : *Mme Deacon est en ce moment avec M. Abeille à Marseille... Ils habitent le même hôtel... M. Abeille s'est fait inscrire sous le nom d'Adam... Ils dînent ensemble au restaurant Roubion... Ils vont à Cannes...*

La mesure était comble, et le misérable mari, ne pouvant plus en souffrir davantage, prenait un soir le Nice-Express, tombait le lendemain à Cannes, et demandait si M. Abeille était dans le pays... Il y était, et logeait, soi-disant, chez la princesse de Sagan, où Mme Deacon allait elle-même. M. Deacon va alors à l'hôtel Windsor, où il savait trouver Mme Deacon, et apprend là qu'elle déménage.

— Vous déménagez? lui demande-t-il.
— Oui.
— Mais pourquoi?
— Je ne suis pas bien ici.
— Et où allez-vous?
— Au Splendide Hôtel.
— C'est décidé?
— Oui, les appartements sont retenus.

Ils l'étaient, effectivement, et se trouvaient ainsi combinés : à l'entresol, aux numéros 2 et 3, dans de grandes pièces basses donnant sur la mer par de larges baies cintrées et surbaissées, la chambre et le salon de Mme Deacon, et, tout à côté, au n° 4, communiquant avec le salon par une porte devant laquelle on avait poussé un meuble, la chambre de M. Abeille. Au-dessus, au premier, on avait également retenu trois pièces, une pour M. Deacon, deux pour Mme Baldwin, et au-dessus encore, au second, trois autres pièces pour les enfants. La femme et l'amant se trouvaient ainsi au même étage, le mari et la belle-mère au second, et les enfants au troisième. C'était admirable et cynique!

Le soir, on dina dans l'appartement du mari, et un garçon de l'hôtel, à neuf heures, vint demander cérémonieusement à *Madame* si elle pouvait recevoir M. Abeille.

— Faites entrer dans le salon de l'entresol, répond-elle très tranquillement.

M. Deacon, lui, ne dit rien, et ne sait pas, d'ailleurs, que M. Abeille a sa chambre au-dessous, derrière le meuble poussé contre la porte. Il attend jusqu'à dix heures et demie, descend alors à son tour, apprend que la visite de sa femme est partie, entre chez elle, la voit déshabillée, et lui dit avec calme :

— Je ne veux plus rien vous reprocher, mais nous allons divorcer.

— Divorcer? dit Mme Deacon avec douceur et d'un air étonné... Divorcer?... Mais pourquoi?... Mais je ne veux pas divorcer... Je suis très heureuse avec vous.

— Et où habite ici M. Abeille?

— A l'hôtel du Pavillon.

— On m'avait dit que c'était chez la princesse de Sagan.

— Non, c'est à l'hôtel du Pavillon.

Et elle recommence à sourire à son mari. Comment! divorcer? Et pourquoi divorcer? Et pas un mot pénible, rien que d'aimable, de bon, de paisible, de caressant. Il finit par la quitter, lui souhaite bonne nuit et, machinalement, plutôt que par un soupçon véritable, consulte en bas le registre de l'hôtel avant de remonter se coucher... Il reçoit alors une commotion terrible... le nom de M. Abeille était sur les listes!

Tout le monde a lu le reste dans les journaux. Quelques minutes plus tard, le mari, affolé, se faisait ouvrir la chambre de sa femme à grands coups frappés dans la porte, entrait, cherchait partout, trouvait encore l'amant derrière un canapé, lui mettait deux balles dans le corps, et le laissait mort sur le tapis.

* * *

Nous voici maintenant à l'épilogue judiciaire, à la douloureuse publicité de la Cour d'assises, et c'est un jury de paysans méridionaux qui va juger le cas passionnel de ce mari américain !

Nous sommes au mois de mai, à Nice, et le soleil resplendit, tempéré de brise. Les bancs sont combles. On s'y étouffe. Les toilettes claires et les chapeaux fleuris fourmillent. Des grappes de spectateurs, accrochés en dehors des fenêtres, se penchent à l'intérieur de la salle comme aux loggias d'un théâtre italien, et l'accusé, un peu avant neuf heures, paraît entre les gendarmes. On voit entrer un homme qui a l'air d'être en deuil, maigre, correct, gêné, avec une grande expression de tristesse dans sa correction. Au banc qui se trouve au-dessous de lui, la ligne de rabats blancs d'une rangée d'avocats : Mᵉ Demange, Mᵉ Pilate, et Mᵉ Goirand, celui de ses conseils qui a recueilli sa touchante et curieuse confession. Au tribunal, le président Aubertin, un petit vieillard à figure rose et gourmande sous d'épais et rebelles cheveux blancs. Au banc du jury, des faces de brutes obscures, d'énigmatiques campagnards, dont le chef, un paysan glabre et noir, a l'air d'un toréador.

Le nez busqué et mince, le front large et plutôt bas, le menton court et le visage long, très brun, osseux, la moustache tombante, les cheveux pommadés avec soin, les yeux remplis d'une clarté naïve, M. Deacon est le parfait Américain gentleman. Il n'est pas vieux, mais semble tout desséché, tout consumé, tout émacié par son martyre, dans la raideur de son linge blanc et de son irréprochable toilette noire. Les muscles de ses joues creuses, et ceux de son long cou serré dans son grand col, jouent dans sa physionomie morne avec une énergique douleur, et comme s'ils étaient las de lui servir à vivre, sous sa peau bronzée par la fièvre. On dirait un squelette habillé et blanchi à Londres, et un petit mouvement nerveux continuel fait battre ses paupières fatiguées.

— Accusé, lui dit le président avec une rudesse voulue et qui surprend chez ce bon petit vieillard aimable et frais, levez-vous! Quel est votre état?

— Rentier, répond M. Deacon avec son accent.

Et le vieux magistrat lui pose toutes sortes de questions insolites et familières. « Comment s'appelaient votre père, votre mère, votre beau-père?... » Il finit même par lui demander le petit nom de sa femme, et M. Deacon le lui dit ingénument.

— Florence, répond-il.

— Florence, bien!... Florence... Eh bien! continue le président Aubertin, j'ai l'habitude avec tous les accusés, quoique ce soit un peu en dehors de la question, de m'informer de leur passé, des renseignements qu'on a sur eux... Eh bien, les renseignements sur vous sont bons, votre moralité est excellente, et, cependant, il y a quelque chose... On dit que vous vous livrez aux alcools, et que vous avez un caractère autoritaire... Est-ce vrai?... Êtes-vous ivrogne, et avez-vous un caractère autoritaire?

— Ivrogne, répond M. Deacon tristement, mais non monsieur, je ne suis pas un ivrogne.

— Et autoritaire?... Êtes-vous autoritaire?

— Autoritaire?... Je ne sais pas...

— Et, maintenant, je vais vous donner mon avis, reprend le président... Mme Deacon, voyez-vous, était séduite par la vie de Paris, elle aimait la belle société, et vous, au contraire, vous aimiez mieux autre chose, vous préfériez fréquenter vos compatriotes, et voilà... Voilà la cause première, la raison initiale de l'affreux malheur qui nous a tous amenés ici... Avez-vous quelque chose à objecter à cela?

— Non, répond vaguement M. Deacon.

Et le battement de ses yeux s'accentue seulement un peu plus, sa figure prend seulement un air plus souffrant, pendant que l'interrogatoire le fait repasser par toutes les phases cruelles, lamentables ou comiquement torturantes de son ménage. Le président, avec son indifférence professionnelle, et le procureur de la République, avec sa dureté obligée, le retraînent par tous les chemins et par tous les sentiers où il se souvient de s'être déchiré. C'est l'ordinaire de la Cour d'assises et de la justice, et on lui fait revivre une fois de plus tous les détails successifs de son supplice, la découverte de la lettre, la réception des billets anonymes, la scène du rideau. On l'amène ainsi jusqu'aux derniers jours du drame, où l'on revoit toujours le mari harcelé, trompé, affolé, exaspéré, se heurtant éternellement à l'homme dont il ne peut pas supporter la vue, et que sa femme, malgré ses prières et ses colères, recommence sans cesse à ramener dans la maison. Il est, et reste, d'ailleurs, la seule figure du procès, le seul acteur vraiment en scène. Mme Deacon, elle, ne paraît pas ; un certificat de médecin l'a sauvée d'une comparution à la barre. Quant aux autres témoins, leurs physionomies se perdent, s'effacent ; ils ont à peine la valeur de silhouettes. Ils se dissolvent dans un ensemble confus et pénible où pas un d'eux n'a de relief, sauf peut-être une certaine femme de chambre, femme de confiance de Mme Deacon, et qui, depuis douze ans dans la maison, n'y a jamais rien vu ni entendu ! Elle n'apercevait même pas M. Abeille dans les pays et au bord des lacs où il se promenait sous son nez, et vient imperturbablement déposer, dans sa toilette bleu marine, avec sa figure à cheveux blancs de vieille femme de charge accomplie que personne ne doit compter faire parler.

Un acquittement eût peut-être été équitable,

mais M. Deacon n'en est pas moins condamné à un an de prison, à la suite d'un verdict de culpabilité rendu par les paysans du jury. L'acquittement ou la condamnation, la prison ou la liberté, qu'est-ce que cela, d'ailleurs, pouvait faire au malheureux? Deux ou trois jours après le drame, il se trouvait prisonnier sur parole chez le docteur de Valcourt, consul des États-Unis à Cannes; on déjeunait en famille, et il regardait avec persistance une des petites filles du consul.

— Quel âge a-t-elle? avait-il enfin demandé tristement.

— Cinq ans, avait répondu le docteur.

Il avait alors gardé le silence, des larmes lui avaient coulé sur les joues, puis il avait fini par dire :

— Cinq ans... *C'était* l'âge de ma troisième... *C'était*... Et rien, en effet, n'existait plus pour lui.

Son coup de revolver avait tout tué.

LE PICOTEUR

Vous avez certainement rencontré M. Bloch. M. Bloch le « picoteur », M. *Ploch le chuif*, courtier en diamants et quinze fois millionnaire. Les tables du café Scossa ne connaissent que lui, et le banc de la police correctionnelle sait ce qu'il pèse. M. *Ploch* appartient donc à la catégorie des aberrés, et des aberrés cruels. Son plaisir est d'enfoncer des épingles dans la peau des pauvres filles, et de faire de leurs seins des pelotes ! Son paradis, toujours sans doute comme *chuif* et comme *Ploch*, est de faire suer des *rupis* saignants et coulants à ces lamentables chairs à cent sous la passe ! En un mot, et comme il le dit lui-même, il « picote », et son « picotage » le ramène encore devant les juges.

Eh bien, M. *Ploch* est un vieil homme blond,

de ce blond clairet qui fait penser au beurre, et son nez et ses pieds sont des objets comme on en voit peu. Le nez, sous le grand front fuyant gazonné à son sommet de crins ratissés et rares, défie et surexcite en même temps la description. Il sort d'entre les yeux comme une trompe, s'allonge et s'enfle, fourchu et spatuleux, spongieux et vermillonné, et l'on ne sait plus, quand on le détaille, s'il tient du humoir ou du bec, de la morille ou de la crosse de pistolet, de la fraise-ananas ou du furoncle ! Une bouche invisible grogne et mâche là-dessous de la ferraille dans le fourré d'une moustache et d'une mouche rousses, et les revers d'un paletot soyeux se croisent sous cette tête phénoménale où se mélangent fantastiquement le bélier et l'albinos. Et tout cela s'avance et salue sur des pieds extraordinaires, tortueux, longs, bossus, immenses, couverts de nœuds et d'oignons, comme si ce vieux batteur de trottoirs était un ancien arbre changé en homme, et cachait encore dans ses souliers les racines originelles.

Tel est le *Ploch* qui « picotait », et mettait, pour « picoter », des peignoirs de dentelle rose. Et comme on l'y voit bien, M. *Ploch*, dans ses peignoirs de dentelle rose! On y voit le petit gazon beurre frais de ses cheveux, sa pose, son grand crâne, ses petits yeux pointus de juif heureux, et ses jambes, ses mains, sa grosse moustache, et son nez, son invraisemblable nez, sa fraise-ananas, sa crosse de pistolet, sa morille enluminée, son renifloir fourchu et rouge avec sa petite fossette au bout! On voit ce nez dans les guipures, les points de Flandre, les bouillonnés! On le voit dans les gazes et les plissés, les collerettes et les falbalas! Et les pieds! Les pieds de M. *Ploch!*... Voyez-vous sa paire de racines s'allonger sous les volants?

Mais M. *Ploch* les payait cher, ses séances en peignoirs roses!

— *Guarante vrancs bour chaque femme, et guarante vrancs bour matame Marchand... On s'amusait, il est frai, tans un bedit salon pleu...*

Alors, M. *Ploch* se dit :

— *Subrimons les indermédiaires, subrimons le bedit salon pleu!*

Et il *subrima les indermédiaires*, il *subrima* le

bedit salon pleu, et ne « picota » plus que dans les hôtels borgnes. Il choisit d'abord un quartier *pon marché*, et là, dans un garni à *drende vrancs* par mois, se remit à son « picotage ». Il avait la joie de « piquer » des peaux qui ne lui coûtaient presque plus rien. Une fille se laissait hérisser d'épingles pour cent sous! On se moquait bien de lui dans la maison, on le bafouait, on l'appelait « loufoque », et il n'était jamais sûr de ne pas recevoir un pot d'eau sale sur sa tête jaune dans l'escalier, mais il faisait une *ponne affaire!* Il ne « picotait » plus que dans des chambres d'où il sortait couvert de plâtre et rapportait des punaises, mais il était heureux au rabais, et avait le sang à *pon compte!*

Et il ne comprend pas, M. *Ploch,* qu'on le poursuive pour des épingles. Il ne sait, ne sent, ne voit qu'une chose, c'est que les habitants de l'hôtel borgne ont voulu le « faire chanter » en lui réclamant de l'argent par carte postale. Réclamer de l'argent par carte postale! Elle l'indigne, cette carte postale, elle l'exaspère, elle lui semble un crime, un assassinat, et, à tout ce qu'on lui dit, à tout ce qu'on essaye de lui rappeler, il ne répond que par cette carte postale qui lui réclamait de l'argent !

— Ch'ai reçu un *garte postaux !*

— Mais la question n'est pas là, monsieur Bloch... On n'a pas le droit d'ensanglanter des filles...

— Ch'ai reçu un *garte postaux !*

— Et puis, monsieur Bloch, ces filles étaient mineures !

— Mais che fus répète que ch'ai reçu un *garte postaux !*

— Et vous piquiez vos épingles, monsieur Bloch, dans les chairs de filles mineures !

— Mais che fus tis, che fus tis encore... Ch'ai reçu un *garte postaux !* Ch'ai reçu un *garte postaux !*

UN PRÉSIDENT

Il a peut-être endormi plus de monde à lui tout seul que *Télémaque* et le marquis de Sade réunis. Quand il entrait en tête de la Cour, lentement, pesamment, en soulevant les plis de sa robe rouge, avec sa démarche de grosse femme, ses lunettes mal essuyées, son fouillis de paperasses contre le ventre, et sa mauvaise humeur de portière hydropique qui se traîne en bougonnant jusqu'à son cordon, il avait toujours l'air lui-même de sortir du lit. Il avançait mal réveillé, tout hérissé de grognerie et d'ahurissement, comme si on l'avait fait lever trop tôt et s'il ne savait plus où il était. Il serait allé, à ce moment-là, s'asseoir à la place du greffier, ou ressortir par une porte après être entré par une autre, qu'on n'aurait pas dû s'en étonner... Il arrivait, cependant, à son fauteuil, soupirait, tombait sur la molesquine, commençait à ânonner, et tout le monde, alors, se sentait pris d'une envie subite de bâiller, de se caler commodément, et de partir pour un petit somme.

Il fallait voir ce gros homme, et surtout l'entendre, pour savoir ce qui se dégageait de torpeur de sa grosse figure toute barbouillée de barbe sale, de ses yeux qui s'écarquillaient derrière leurs verres avec des susceptibilités d'infirme en colère, de ses bafouillages asthmatiques, et de ses avachissements dans sa toge. Il avait des « ah », des « bouh », des « heu », auxquels les conseillers assis à côté de lui se réveillaient en sursaut, le regardaient de côté avec méfiance, et écartaient leur siège du sien. D'autres fois, il se soulevait, en suant, avec un aboiement qui secouait l'auditoire. Mais on se rendormait aussitôt, car le sommeil s'exhalait toujours de lui. Il avait une façon de se remuer qui répandait le sommeil, une façon de regarder qui donnait sommeil, une manière de se planter tout cramoisi sur ses deux poings où il semblait lui-même sortir d'un profond sommeil, et sa voix soufflait le sommeil! Il appelait l'accusé en lançant d'un hoquet la première syllabe de son nom, restait la bouche ouverte après cette première syllabe, et toute la salle s'était rendormie avant qu'il eût prononcé les autres. J'ai vu, dans une affaire, un de ses assesseurs renverser complètement la tête derrière son fauteuil, remonter ses lunettes dans ses cheveux pour pouvoir mieux se frotter les yeux, se prendre ensuite les côtes entre les mains, s'allonger en bâillant à se donner un tour de reins, et recommencer de même toutes les cinq minutes pendant une bonne heure d'audience.

Tel fut, dans l'ordinaire professionnel et le courant de ses présidences, le fameux président Mariage, celui que le procès Burdeau-Drumont avait un instant rendu célèbre, et qui a disparu depuis du roulement des présidents.

UN COIN DE PARIS

— Et le crime de la cité Berryer? ai-je demandé ces jours-ci à M. Jaume. Les derniers événements vous l'auraient-ils fait oublier?

— Jamais! m'a répondu M. Jaume, et une affaire, avec nous, mon cher monsieur, n'est jamais *vraiment classée*. Le hasard est toujours là, et nous avons toujours l'œil sur lui... Maintenant, reprit-il avec perplexité, nous cherchons parce qu'on doit toujours chercher, et nous trouverons peut-être, mais si nous trouvons, ce ne sera ni en cherchant, ni où nous aurons cherché... Il y a des affaires comme ça; l'assassin est introuvable... on ne voit rien, on ne comprend rien, on est en pleine obscurité!

C'était évidemment tout ce qu'il y avait à dire, et le premier mystère, dans cette mystérieuse affaire de la cité Berryer, est l'existence même de cette cité pleine de casse-cous et d'épluchures, située dans le plus beau quartier de Paris, à une largeur de trottoir de la rue Royale, et devant laquelle tant de Parisiens passent et repassent tous les jours, sans même se douter qu'elle est là.

— Oui, m'y disait un habitant, il a fallu un crime!... Sans ça, on n'aurait jamais su que nous existions... Cité Berryer? Où ça?... Près de la Madeleine? Tiens, où donc?... Eh bien, monsieur, cette cité-là, c'est de l'or! C'est laid, c'est sale, ça ne sent pas bon, mais c'est la plus belle affaire de Paris... C'est à un député, à M. Lebaudy... Et jamais il ne nous fait seulement remettre une tuile! Ce sont les locataires qui font tout! C'est à prendre ou à laisser!... Nous n'avons même pas le gaz dans les escaliers, et on y est le soir comme dans des fours... Eh bien, tous les logements n'en sont pas moins toujours occupés... Tenez, regardez, vous ne verrez pas d'écriteau!... Et savez-vous combien le marchand de poisson qui est là paye cette petite boutique qui n'a peut-être pas quatre mètres de façade? Trois mille francs!... Et le fruitier? Deux mille!...

Ils payent tous dans ces prix-là, et le pavé, à lui tout seul, tous ces mauvais casse-cous où vous vous tordez les pieds, se louent vingt mille francs par an au locataire qui est là-bas, et qui le sous-loue à son tour trente francs par semaine et par place aux marchands d'un petit marché qui s'y tient les mardis et les vendredis!...

Toutes sortes d'industries et de métiers sont installés, en effet, dans la cité. Elle occupe les restes d'une ancienne caserne de gardes du corps, et toute une ruche de boutiques et d'ateliers, des blanchisseuses, des tonneliers, des chaudronniers, des gargotiers, remplit de son bourdonnement les vieilles chambrées et les anciennes cantines. Malgré tout, cependant, le passage est tranquille, sauf les jours de marché, où il y a cohue, et, chaque soir, à minuit, on ferme les deux grilles, d'un côté rue Royale, de l'autre rue Boissy d'Anglas. On ne rentre plus alors que par cette seconde rue, où l'on ouvre quand vous sonnez. Du côté de la rue Royale, le marchand de poisson, M. Cauche, est seul à pouvoir passer. Il fournit d'huîtres les grands restaurants de nuit du quartier, doit pouvoir, en conséquence, entrer et sortir à volonté, et traite, pour cela, avec le concierge auquel il loue trente francs par mois le droit de passer par sa loge.

— Garçon, deux douzaines de côtes-rouges, commandent chez Weber ou chez Larue deux soupeurs revenant du théâtre.

Et le garçon, aussitôt, sa serviette autour du cou, file chez le concierge, frappe, se fait ouvrir, traverse la loge, arrive chez M. Cauche, prend la commande et revient avec. On court ainsi, toute la nuit, des restaurants chez M. Cauche, et de chez M. Cauche aux restaurants, en passant par la loge, où le concierge, tout en dormant, tire le cordon, de son lit, aux marennes et aux ostendes.

— Cette cité, monsieur, c'est de l'or!

Et, de l'or, effectivement, elle en est pour tout le monde, pour le propriétaire, les portiers, les boutiquiers, les débitants, et même pour le vieux garni qui fait l'angle au coin de la rue Boissy d'Anglas, un certain hôtel à lanterne où l'on voit, toute la journée, monter et descendre des couples qu'un petit vieillard à calotte distribue dignement dans ses chambres.

***

Il y avait, cependant, dans la cité, une vieille locataire à moitié folle qui ne gagnait ni or ni argent. Logée au troisième de l'un des escaliers, au-dessus d'un atelier de blanchisseuses, au-dessous d'un sellier, et sur le même palier qu'une marchande de fleurs, une certaine dame Chanteau, elle touchait une petite pension, des secours, des bons de viande, et ressemblait exactement, avec sa taille de virago et sa manie de se mettre des rubans, à une grande caricature. Elle se nommait Julie Poux, mais on ne l'appelait que la mère Saint-Jean, et même habituellement Saint-Jean tout court.

— Qu'est-ce qu'il y a encore? se demandait-on en regardant aux fenêtres quand elle apostrophait les gens qui s'amusaient de ses toilettes... Ah!... c'est Saint-Jean...

— Saint-Jean, lui disait-on d'autres fois, allez donc voir chez la concierge, il y a une lettre pour vous.

Ou encore :

— Venez donc dîner, Saint-Jean... Vous aimez les asperges, nous en avons.

Elle avait fini par devenir la légende de la cité, et ce n'était pas sans raison. La chambre qu'elle occupait, en face de la marchande de fleurs, était d'une saleté à n'avoir pas été faite depuis les gardes du corps. Le mobilier se composait d'un lit, d'une armoire à glace, d'un buffet, d'un fauteuil-voltaire et d'une casserole. Le lit, seulement, n'avait plus que le bois, le buffet n'avait plus de portes, la glace de l'armoire était cachée par des journaux collés dessus, la casserole traînait par terre, et le voltaire n'avait plus de fond. Elle rangeait dans l'armoire ce qu'elle pouvait avoir de chiffons, se servait de la casserole pour sa cuisine et sa toilette, dormait dans le voltaire crevé, et toute sa vie se passait ainsi entre cette armoire, ce fauteuil et cette casserole.

— Tiens!... voilà Saint-Jean!...

Les blanchisseuses du dessous, tous les matins, la voyaient arriver dans l'atelier. Elle entr'ouvrait la porte, avançait la tête, regardait l'heure à l'horloge, et s'écriait invariablement :

— Oh! déjà cette heure-là?... Pardon, mesdames, je me dépêche...

Puis, elle remontait, revenait avec sa casserole, et demandait la permission de prendre de l'eau chaude dans la chaudière pour son déjeuner.

— Mais oui, Saint-Jean, mais oui, prenez-en donc!

Elle remplissait alors la casserole, remerciait, s'en allait encore, redescendait de nouveau avec sa glace à la main, disait qu'elle allait faire son marché, et revenait, en effet, au bout d'un moment, avec de la salade ou de l'oseille sur son miroir.

— Ah çà, dites donc, Saint-Jean, lui demandait-on quelquefois pour s'amuser, qu'est-ce que vous avez donc là?

Elle portait, en effet, une sorte de cotte de mailles sous son corsage, et y cousait, en réalité, des rondelles de zinc et de bois qu'elle essayait de faire prendre pour des pièces de vingt francs.

— Vous comprenez, vous expliquait-elle, je sors, je me promène, je vais dans les rassemblements... On me touche, on me regarde, on se demande comme vous ce que j'ai là, et on se figure que c'est de l'or!... On me considère!... D'ailleurs, ajoutait-elle plus bas, j'en ai peut-être... dans mon armoire...

Elle vous parlait toujours de son armoire. Elle

en ôtait même quelquefois la corniche, et se promenait en la portant sous son bras.

— Mais qu'est-ce que vous portez donc là, Saint-Jean?

— Chut... vous disait-elle, chut!... C'est ma corniche... Je fais raccommoder mon armoire...

Elle passait aussi des heures à chanter des cantiques ou à lire le journal tout haut. On entendait tout à coup sa voix psalmodier, et sa psalmodie alors durait une partie de la journée. Elle entonnait des psaumes, des chansons, récitait l'office ou le feuilleton; puis, elle s'arrêtait, on ne l'entendait plus, et elle se remettait en promenade avec sa corniche et ses rubans. Sa grande préoccupation était de bien faire sonner qu'elle n'avait besoin de personne. Le premier jour de chaque trimestre, elle déposait ponctuellement son terme chez le concierge, et, comme elle touchait une petite pension de cinquante francs dans un ministère, elle demandait continuellement si ses cinquante francs n'arrivaient pas.

— Eh bien, s'informait-elle, il n'y a toujours rien pour moi? On n'a rien remis?... On m'oublie!...

Un de ses neveux, un jour, était venu la voir, et

avait voulu lui donner vingt francs... Elle le regarda avec indignation, jeta les vingt francs par la fenêtre, le mit lui-même à la porte et lui demanda, furieuse, du haut de sa croisée, pour qui il avait bien pu la prendre.

— Insolent!... Polisson!... Mais qu'est-ce qu'il croit donc que je suis?...

Elle était donc bien complètement folle, et le plus terrible de sa folie en était la cause. En 1871, à la fin de la Commune, au moment de l'incendie du ministère des finances, elle habitait rue du Mont-Thabor. Le ministère touchait à sa maison, et le feu, la nuit de l'incendie, la réveilla en sursaut. Les flammes gigantesques, dont la lueur allait jusqu'à Saint-Germain, et dont l'haleine soufflait jusqu'à Versailles des trombes de papiers roussis, illuminaient et enveloppaient sa chambre. Elle s'était jetée vers sa fenêtre, mais tout Paris n'était plus qu'un brasier, et elle avait passé la nuit dans la trépidation, la chaleur et l'éblouissement de la fournaise... Le matin, elle était idiote, et avait vécu depuis comme on l'a vu, chantant, se mettant des rubans, allant au marché avec son miroir, et s'endormant le soir dans son voltaire sans fond.

※
※ ※

On peut imaginer si une pareille locataire, avec certains voisinages, s'attirait les taquineries et les farces. Elles se réduisaient, d'ailleurs, en général, à lui cacher sa casserole et à lui boucher sa serrure. Ces plaisanteries, seulement, par leur continuité, finissaient par l'exaspérer, et elle en accusait, à tort ou à raison, les apprentis du sellier au-dessous duquel elle logeait. Elle les abominait, et, chaque fois qu'il lui fallait se remettre à la recherche de sa casserole à travers les cabinets et les escaliers, ou à batailler avec sa porte, elle levait son vieux poing en l'air et lançait vers l'atelier toutes sortes de malédictions et d'injures.

— Misérables, bandits, scélérats, assassins !

— Laissez-les donc ! lui disaient les blanchisseuses ; ce sont des gamins et des enfants !

Et la marchande de fleurs, Mme Chanteau, sa voisine de palier, lui conseillait de son côté :

— Bah ! ne vous faites donc pas tout ce mauvais sang-là... Il n'y a pas qu'à vous qu'on en fait... On m'a bien pris, à moi, une magnifique planche à bouteilles, on me l'a sciée, et on me l'a portée au grenier!

Mais elle ne voulait rien entendre, et ne cessait pas de répéter :

— Je vous dis que ce sont des bandits, des criminels, des scélérats, des assassins qui veulent m'assassiner!

Un soir, Mme Chanteau était allée à la campagne et venait de rentrer avec sa petite bonne. Il était environ neuf heures, il avait fait très chaud, et les commerçants de la cité prenaient le frais devant leurs boutiques. Mme Chanteau était fatiguée, dîna vite, se coucha, et dormait déjà depuis un instant quand un cri la réveilla.

— Mais qui est-ce qui *gueule* donc comme ça?... cria-t-elle de son lit à la petite bonne qui était en train de laver les assiettes. C'est toi?

— Mais non, dit la domestique.

— Qui est-ce, alors?

— C'est dans la cité!

La petite bonne, pourtant, alla voir sur le palier, regarda, écouta, puis ôta la clef de la porte, la ferma, et se remit à sa vaisselle...

Sans être bien matinale, Saint-Jean ne tardait jamais beaucoup à descendre chez les blanchisseuses, mais on ne l'y vit pas le lendemain, et il pouvait être dix heures, lorsque la petite bonne de la marchande de fleurs descendit tout affolée... Elle regardait souvent chez la vieille folle par le trou de la serrure, y avait regardé ce matin-là, et avait reculé, terrifiée.

Dans un épouvantable désordre de meubles vidés et de journaux éparpillés, Saint-Jean était étendue par terre, les jupons relevés, une serviette nouée sur la bouche, et les mains liées sur le ventre. Elle était là dans la poussière, les saletés, les papiers, ligottée et bâillonnée par des bandes de toile qu'elle avait dans son armoire, le voltaire crevé d'un côté, la casserole renversée d'un autre, et sans un mouvement, sans un souffle, ses vieilles jambes à moitié nues, et ses bas en tire-bouchon sur ses vieux mollets cagneux!

* * *

On l'avait assassinée... Mais qui? Pourquoi? Comment? Au milieu de quelle scène grotesque et atroce? Comment cette vieille indigente, qui vivait de secours et de bons de viande, se couvrait de rubans et chantait des prières, avait-elle pu finir ainsi, après être devenue folle dans une catastrophe historique?

J'entends toujours M. Jaume, et je vois toujours son geste découragé.

— Nous cherchons, mais c'est inutile... Après çà, nous trouverons peut-être... Le hasard est toujours là...

— Et qu'en pense-t-on dans la cité? ai-je demandé aux habitants.

Mais on ne m'a rien répondu... On ne savait rien, on me regardait d'un œil inquisiteur.

— Tenez, monsieur, m'a pourtant dit quelqu'un, vous voyez si le passage est calme, si c'est tranquille, si on pourrait se croire en province... Eh bien, monsieur, il n'y a rien de plus fréquenté... On ne voit pas de foule, on ne fait pas de bruit, mais on ne se doute pas de ce qui passe ici!

Et l'habitant de la cité m'indiquait en même temps le vieux garni d'où sortait une femme :

— Tenez, regardez-moi ça!... Et en voilà encore une autre... et une autre!... Et encore une autre!... Et celle-là avec son monsieur!... Et celle-ci qui ne veut pas qu'on la voie avec le sien, à moins que ce ne soit lui qui ne veuille pas qu'on

le voie avec elle... Tenez, il s'en va derrière...
Il y en a même souvent qui s'en vont chacun de
leur côté, l'un par la rue Royale, l'autre par
la rue Boissy d'Anglas, pour faire croire qu'ils
ne se connaissent pas... Tenez, tenez, tenez!...
Et c'est comme ça toute la journée... Tenez,
regardez-moi encore ces deux-là!... Et la femme
qui nous voit et qui se met à rire... Maintenant,
ajoutait-il, il y a bien ici des gens comme tout
le monde, mais il y a aussi de drôles de familles...
Pas un enfant, monsieur, ne s'y appelle du nom
de sa mère, pas un frère n'y a le nom de sa sœur,
ni une sœur celui de son frère!

— Enfin, dis-je, qui soupçonne-t-on?

— On ne sait pas... Il y a eu, dans les premiers jours, des locataires qui ont parlé, mais
personne, tout à coup, n'a plus rien voulu dire...
Il y en avait bien un, le charcutier, qui n'était
pas disposé à se taire comme les autres, mais on
l'a effrayé ; on est venu écrire : *Marchand de
viande pourrie*, sur sa porte pendant la nuit !

— Ah çà, voyons!... On l'a assassinée parce
qu'on lui croyait de l'argent?

— Mais non!... Tout le monde dans la cité
savait qu'elle n'en avait pas!

— Mais l'assassin n'était peut-être pas de la cité?... Elle a pu ramener quelqu'un... Est-ce qu'on venait la voir? Est-ce qu'elle causait dans les rues?

— Jamais!... Jamais on ne lui a vu personne! Jamais personne n'était venu!... A son âge, voyons, vous pensez bien qu'elle était sage!... Enfin, on ne peut pas savoir...

Puis, on recommença à me réciter le chapelet des histoires qui couraient sur elle, on me raconta encore qu'elle chantait l'office et le feuilleton, et, comme je demandais si elle chantait bien :

— Oh! pour ça, monsieur, oui, elle chantait bien!... Il ne fallait pas la voir, mais quand vous l'entendiez chanter, vous seriez resté la journée à l'écouter... Et le journal, monsieur, le journal, ah! qu'elle le lisait bien aussi!... Et tout entier, d'un bout à l'autre, la politique, les articles, tout, admirablement!... Elle avait reçu une belle instruction, allez, cette femme-là, monsieur!... Elle lisait le journal comme une divinité!

ANAÏS DUBOIS

(UNE PARENTE PAUVRE)

Peu d'accusées sont aussi bizarres que cette vieille fille sans passé judiciaire, soupçonnée d'avoir tué sa sœur, et dont l'originalité, comme inculpée, est de ne pas laisser échapper un mot d'aveu, tout en bavardant beaucoup. Elle est de la Haute-Saône, d'un village appelé Autrecey, où son père tenait une auberge de rouliers et passait pour le plus complet ivrogne du pays. Il avait eu deux filles, et elles étaient venues toutes les deux à Paris. Anaïs, l'aînée, s'était faite domestique, Lucie s'était lancée dans la galanterie, et on les voit toutes les deux, au bout d'une dizaine d'années de leurs métiers réciproques, Anaïs avec ses loques et son renfrognement de vieille bonne, Lucie avec son chic et son harnachement de fille;

on se les représente l'une en face de l'autre, quand l'aînée venait voir sa cadette dans son petit appartement de la rue Taitbout.

* * *

Anaïs a quarante-sept ans, n'a jamais eu qu'un amant dans sa vie, et doit même s'étonner d'en avoir eu un, car elle a toujours eu « horreur des hommes ». Les « infamies » et les « saletés » de sa sœur l'exaspéraient. Elle en levait les poings au ciel, et l'indignation, quand elle en parlait, la rendait elle-même ordurière. Malgré tout ce dégoût, cependant, elle continuait à la fréquenter. Elle n'avait pas d'économies, se retrouvait perpétuellement sans place, et arrivait alors chez Lucie. On l'y recevait, mais en faisant la grimace, et elle servait de bonne à sa sœur pendant qu'elle était chez elle, tout en crachant de mépris derrière la clientèle.

Elle était abominablement aigrie, et ne restait jamais plus de huit jours dans une maison, où la moindre observation la mettait hors d'elle. On lui montrait une cuiller sale, elle plantait là la baraque. On lui faisait remarquer ailleurs qu'elle avait laissé brûler son dîner, elle vous jetait son tablier à la figure. On lui disait, dans un troisième endroit, de moins mal essuyer les meubles, elle n'était plus là une heure après. On n'avait jamais, autrement, à lui reprocher la moindre infidélité; elle était la probité même, et ne réclamait même pas ses gages. Mais, au plus petit mot, au moindre commandement un peu dur, elle partait, c'était fini. Et elle retombait chaque fois chez Lucie. Plus de place, pas d'argent, la misère! Elle arrivait en abominant les bourgeois, et, jusqu'au moment de retrouver autre chose, en attendant d'autres bourgeois, elle allait recoucher au sixième, dans le trou que lui donnait sa sœur, pour recommencer, le lendemain, à hoqueter de dégoût dans la cuisine, chaque fois qu'un monsieur sonnait, ou qu'il refermait la porte.

Il lui arrivait souvent, dans les maisons où elle entrait, une aventure qui l'affolait. Comme on ne la gardait nulle part, elle n'inspirait pas confiance, et on ne lui donnait pas la clef de l'appartement. Elle sonnait bien le matin en descendant, mais les maîtres dormaient et la faisaient attendre. Elle sonnait, sonnait, sonnait, mais on continuait à dormir, surtout l'hiver, quand le jour n'était pas levé. Alors, elle grelottait sous ses jupes, le froid de l'escalier lui glaçait les os, et toutes ses exaspérations lui dégorgeaient du cœur dans ces moments-là. Enfin, le bourgeois venait, à moitié engourdi, mal réveillé, tout chaud du lit... Elle se sentait contre lui une haine horrible, et lui aurait envoyé des crachats à la figure.

Tous ces anciens « bourgeois », à la porte desquels l'instruction est allée frapper, défileront-ils à l'audience, et répéteront-ils ce qu'ils ont dit? « Anaïs, a répondu une dame, c'était une détraquée. — Elle était drôle, dit une autre. — Elle était folle, dit une troisième. — Elle passait son temps à lire, dit une quatrième. — Un soir, dit une cinquième, elle a eu une vision. Elle voyait quelqu'un dans un lit où il n'y avait personne. » Et un nommé Lévy, l'homme qui, on ne sait comment, a été son amant, raconte de son côté qu'elle était jalouse, hautaine, « trop fière pour laver et pour frotter, *grandiose* », et qu'elle avait le « coco fêlé ». Toutes sortes de toquades, effectivement, justifiaient bien cette dernière opinion. Elle adorait les chats, détestait les enfants, et avait la manie des malles. Ah! ses malles! C'était sa passion et son tourment. Elle en traînait toute une suite qui montait et redégringolait avec elle dans tous les ménages où elle allait, et son existence, qui n'était déjà qu'un continuel départ de partout, se compliquait encore d'un perpétuel trimballement de vieilles caisses, au milieu desquelles elle ricochait de place en place.

— Ah! mes malles, mes malles! répétait-elle à chaque instant. Si ce n'étaient pas mes malles! Mais ce sont mes malles! Ce sont ces maudites malles, ce sont mes malles qui me tuent! Ce qu'elles ont fait de voyages, les malheureuses, ce qu'elles en ont fait!

Et elle gémissait, en racontant ses mésaventures :

— Je me suis promenée comme l'oiseau dans les rues.

Puis, elle se lamentait encore :

— Ah! mes malles, mes malles! Ah! mes malheureuses malles! Je crois que j'ai fait plus de places qu'il n'y a de saints dans le Paradis!

On pouvait presque les compter, en effet, par les jours du calendrier, et ses arrivées rue Taitbout étaient le cauchemar de sa sœur. On ne cessait pas de la voir revenir avec ses lamentations et ses malles. Elle était mal accueillie, étranglait d'indignation du matin au soir devant les visites d'homme qu'elle voyait défiler, et faisait toujours sa figure écœurée, mais n'en restait pas moins dans la maison. Elle avait au moins une paillasse où passer la nuit, et mangeait le soir un morceau de camphre pour se calmer, en s'entortillant dans ses jupons. Car c'était aussi là une de ses manies, elle se camphrait pour ses nerfs, et personne, avec tout cela, n'était aussi coquette qu'elle. Elle se nettoyait la figure avec du cold-cream, pour ne pas s'abîmer la peau. Ridée, tannée, jaunie, séchée de misère, avec ses cornets de camphre, ses malles où il y avait des romans-feuilletons et des peaux de chat, et ses vieilles loques de servante, elle se lavait au gras dans sa soupente, comme une étoile de théâtre, pour se conserver le teint frais...

Pendant un de ses séjours rue Taitbout, les concierges, un soir, vers six heures, remarquèrent sa fébrilité et sa bizarrerie, plus accentuées encore qu'à l'ordinaire.

Elle descendait continuellement avec son broc chercher de l'eau à la fontaine de la cour.

— C'est mon filtre qui est cassé, avait-elle dit la première fois en passant devant la loge.

Puis, au voyage suivant :

— Il y a encore un homme chez Lucie !

Et elle avait fini par leur crier, au cinquième ou sixième voyage :

— Venez donc voir... Venez donc voir !... Lucie est morte, on l'a tuée !

Et les concierges, en effet, trouvaient Lucie étendue dans son cabinet de toilette, au milieu d'une mare de sang, la tête à moitié coupée.

Est-ce bien elle qui a tué sa sœur?

— Vous savez, vous dit-elle quand on l'interroge là-dessus, moi, tous les maîtres, je voudrais les voir au fond de l'eau! Je les déteste, je les exècre, je n'en ai jamais eu que de la misère!... Ceux-ci, c'est une chose... Ceux-là, c'est une autre. Ce sont des monstres! Ce que j'ai toujours cherché, c'est un homme seul!... Oh! vous savez, pas pour la cochonnerie; non, ça me dégoûte... Mais c'est pour le ménage, pour la tranquillité... Un homme seul vous laisse la paix... Eh bien!... j'en avais trouvé un... Mais c'était bien trop de chance pour moi... J'entre, j'y suis cinq jours, et le sixième jour, il tombe d'apoplexie!... J'avais pensé aussi trouver une dame, une dame seule! Ah bien, oui, elle était seule, cette dame! Il y avait dix-huit petits-enfants! Et puis, tout ça, c'est de la peste, c'est la torture de l'enfer, et je vous demande un peu si ma sœur aurait dû me laisser servir, et me laisser me trimballer comme ça, et souffrir, et me manger le cœur...

— Allons, insistait-on, c'est vous qui l'avez tuée!

— Moi?... Ah! non, ça n'est pas moi!... Et cependant, allez! je vous réponds qu'elle était méchante. Si vous aviez pu voir le lit qu'elle me donnait! Il n'y avait seulement pas de matelas;

j'y mettais ce que je pouvais, des journaux, des jupons, et je me rongeais le sang là dedans pendant qu'elle était dans sa chambre à faire des saletés dans ses dentelles...

— Allons, insistait-on encore, c'est vous?

— Mais puisque je vous répète que ce n'est pas moi!

— Mais si!

— Mais je vous dis que non! Tuer, moi?... Ah! non, jamais! Tout, mais pas ça!... Et, cependant, je vous le dis bien encore, on m'a bien fait assez de misères...

— Allons, avouez, c'est vous?

— Jamais! Ça n'est pas moi!

L'ASSASSIN DE NICAISE

Grenu est-il un souteneur, ou n'en est-il pas un?... D'une famille d'ouvriers honnêtes et aisés, il a de l'argent, a fait de petits héritages, et ne coûte rien à sa maîtresse. Il n'est donc pas, dans tous les cas, ce que sont ordinairement les souteneurs. Il vit cependant avec eux, et à peu près comme eux ; il a beaucoup de leurs mœurs, s'il ne les a même pas toutes. Mais ce qu'il y a chez lui de plus certain, ou ce qui paraît l'être, au milieu des singularités et des ambiguïtés de sa vie, dans son existence de basse crapule, c'est un cœur d'une sensibilité touchante, un pauvre cœur tout rempli d'une sentimentalité sanglotante de vieille ballade. Paris poussera toujours de ces fleurs-là ; il y en aura toujours dans sa boue.

— Allons, Grenu, levez-vous...

M. Mariage préside, et prononce ces mots de sa voix endormie, d'un ton de contrition confite, mais sa grosse tête à lunettes, sa face épaisse et le poids de sa mâchoire n'en font pas moins un président féroce.

— Vous avez été élevé par vos grands-parents, continue-t-il en traînant sur les mots, et ils vous ont fort bien élevé... C'étaient de braves gens, très bons, et vos oncles se sont aussi occupés de vous. Ils vous ont placé dans d'excellentes maisons, on vous a fait apprendre le métier de mécanicien, rien n'était négligé pour votre apprentissage... Eh bien! voyons, comment avez-vous reconnu tout cela?... En venant vous échouer là sur ce banc, accusé d'assassinat!

Boutonné dans une redingote d'ouvrier qui est de noce, Grenu est maigre, petit, avec une moustache, la raie sur le côté, et deux yeux mélancoliques dans une figure allongée.

— Oui, monsieur le président, interrompt-il à tout moment, sans pouvoir tenir en place. Oui... c'est vrai... c'est vrai...

Ou bien il secoue la tête, et dit en baissant les yeux :

— Non... pas du tout!... Non... pas du tout!

— Bref, poursuit M. Mariage, vous avez fait la connaissance de la fille Vasseur, cette fille est devenue votre maîtresse, le moment de votre service militaire est arrivé, et vous avez essayé de vous mutiler un bras pour y échapper.

— C'est faux! s'écrie Grenu.

— Faux? Mais vous étiez à peine au corps que vous désertiez... Vous reveniez voir la fille Vasseur!

— Dix-sept jours d'absence, monsieur le président; je n'ai fait qu'une absence de dix-sept jours!

— Soit! Mais à peine de retour au régiment, vous désertez encore, et cette fois sérieusement! Vous arrivez de nouveau retrouver la fille Vasseur, les agents de la sûreté finissent par vous arrêter comme insoumis, vous passez au conseil de guerre, vous allez faire votre prison à Alger, puis vous partez pour le Tonkin, et du Tonkin, je le reconnais, vous rapportez une médaille; mais tous ceux qui sont allés là-bas en ont rapporté autant...

— Mais non, pleure Grenu, mais non, monsieur le président, tout le monde ne l'a pas eue, cette médaille, et ce qui me l'a valu, à moi, c'est ma conduite !... C'est ma conduite *espécialement authentique !*

— Enfin, continue le président, vous voilà de nouveau à Paris ! Et qu'allez-vous y faire ? Revoir encore la fille Vasseur ! toujours ! Vous allez revivre avec elle... Et comment ? Vous allez vivre sans travailler ! Vous allez...

Et M. Mariage articule lourdement :

— Vi-vre-de-sa-pros-ti-tu-tion !

— Jamais ! sanglotte Grenu, qui tient un mouchoir à la main et s'essuie constamment les yeux. Jamais, monsieur le président, jamais ! Je travaillais, et j'ai toujours travaillé ! J'étais à la maison Lahure, monsieur le président, et mes relations avec ma maîtresse n'ont jamais été que d'amour !... Je vivais avec ma grand'mère et je ne fautais pas ! Des personnes qui nous connaissent depuis vingt-cinq ans peuvent le dire, et elles le diront !... Je ne suis pas ce qu'on prétend, et je ne l'ai jamais été !... jamais !... jamais !... Et puis, d'ailleurs, s'interrompt-il en fondant en larmes, voyez-vous, monsieur le président, je sais qu'il y a là dans la salle une personne devant qui je ne peux pas m'expliquer... Je ne peux pas... Je vous dis qu'il y a une personne... C'est plus fort que moi !... J'aime mieux renoncer à me défendre si vous ne la faites pas sortir !...

Et il retombe sur son banc, la tête dans ses mains, pendant que ses deux avocats essayent de le réconforter :

— Voyons, Grenu, voyons!... Mais voyons donc, mon ami !...

— Allons! dit l'un.

— Allons! répète l'autre.

— Allons, voyons, voyons! dit enfin vivement le premier, parlez d'après les documents de la procédure, Grenu, et ne provoquez pas d'incident!

Et le président Mariage, remuant négativement ses lunettes :

— Non, Grenu, non, je ne ferai sortir personne...

Alors, Grenu se décide à reprendre, mais recommence encore à bondir au bout d'un instant. A son retour du Tonkin, il avait hérité de quatre mille francs. « Ça venait des tantes de ma famille ! » explique-t-il en se tamponnant les yeux. Cet héritage, seulement, ne lui avait pas donné des idées d'ordre, et le président, en fouillant dans le dossier, y découvre qu'il a été arrêté à cette époque pour vagabondage.

— Pour vagabondage! bégaye Grenu, tout ressaisi d'indignation... Mais comment! monsieur le président, comment!... Mais j'étais dans les meubles de ma mère!... J'avais cinq mille francs d'argent!... Et médaillé!.. On n'arrête pas des vagabonds médaillés!... Eh bien! ajoute-t-il, c'est cependant vrai tout de même! Oui, on m'a arrêté comme vagabond! Mais on me prenait pour un autre!

— Non, Grenu, non, lui réplique le président, on ne vous prenait pas pour un autre, mais vous viviez avec la fille Vasseur, une fille soumise, et vous étiez son souteneur... Ah çà, voyons, Grenu, pourquoi viviez-vous donc avec elle?

A cette question-là, c'est une véritable cataracte de sanglots.

— Pourquoi je vivais avec elle?... pourquoi?... pourquoi?... Mais parce que je l'aimais!... Parce que je l'aimais!... Mais je l'avais connue à dix-sept ans, monsieur le président! C'était l'amitié de mon enfance, et c'est pour ça que je l'affectionnais tant!... Et si je me suis remis avec elle quand je suis revenu du Tonkin, c'est que je n'avais qu'elle, et que j'étais seul, et que tout le monde de mes parents me tournait le dos, et que j'étais comme un pauvre chien, et qu'alors elle m'a dorloté, oui, dorloté, monsieur le président, dorloté, et qu'elle me soignait, qu'elle m'aimait bien, et qu'elle me disait de ces paroles, voyez-vous, de ces paroles comme une sœur de charité!... Et il n'y avait plus qu'elle pour moi, monsieur le président, il n'y avait plus qu'elle pour moi dans le monde!... Et v'là pourquoi que je l'aime tant!...

Un frisson d'émotion passe à ce moment-là dans le public, et, au même instant, sans qu'on sache pourquoi ni comment, on entend au dehors, dans le couloir des témoins, des cris horriblement rauques; la porte est comme enfoncée, les cris reprennent, maîtrisés cette fois par des voix de gendarmes; puis, la porte se referme, tout cesse, et l'incident est si rapide qu'il n'interrompt même pas l'audience. On a seulement levé la tête en se demandant ce qu'il y avait, et M. Mariage, très congestionné, reprend de son ton somnolent :

— Grenu, vous aimez, dites-vous, la fille Vasseur, et à la même époque, cependant, vous aviez aussi des relations avec une fille de brasserie.

— Une seule fois, monsieur le président, une seule fois !... Dame !... Vous savez... J'étais jeune, elle était gentille...

— Et celle-là, Grenu, elle a été assassinée.. Et vous avez été accusé de son assassinat. Vous avez même été arrêté...

— Mon Dieu ! monsieur le président, reprend alors Grenu plus calme, oui, c'est vrai, c'est encore vrai, j'ai bien encore été arrêté cette fois-là, mais je n'ai jamais su pourquoi... On m'a pris, on m'a demandé mon nom, on m'a dit ensuite que je pouvais m'en aller... J'ai toujours cru qu'on avait simplement voulu me demander mon état civil !

— Allons, dit M. Mariage, arrivons au crime.

Et il reprend en somnolant :

— Voyons, Grenu, vous sortez de prison le 28 août, et vous allez tout de suite retrouver la fille Vasseur !... Vous apprenez ses infidélités, ou ce qu'on appelle chez vous des infidélités, c'est-à-dire des faveurs gratuites accordées à l'un de vos pareils. Elle en avait eu, en effet, pour un de vos amis, un nommé Nicaise, pendant que vous étiez en prison, et vous ressentez tout de suite contre ce Nicaise la plus violente jalousie. Vous venez le chercher le soir même chez un marchand de vin de la rue du Four, et vous lui dites : « Toi, je vais te faire ton affaire ! J'irai au bagne s'il le faut, mais j'aurai ta peau ! » Est-ce exact ?

— Monsieur le président, j'ai bien pu dire ça, balbutie Grenu, mais je ne m'en souviens pas ! Ma maîtresse m'avait avoué que Nicaise l'avait eue, et je ne savais plus ce que je faisais ni ce que je disais... Mais Nicaise était un homme terrible, monsieur le président, et d'une force extraordinaire. Il avait, un jour, fendu la tête à un type avec un pot d'étain chez le mastroquet, et il avait fallu six agents pour l'arrêter !

— C'est vrai, reconnaît le président, Nicaise était d'une grande force, mais vous ne l'en avez pas moins menacé de le tuer, et il vous a même répondu : « Toi, me faire mon affaire ? Tu es trop petit ; je vais d'abord te déshabiller ! »

— Monsieur le président, réplique Grenu tout tremblant, oui, il m'a bien répondu quelque chose comme ça, et il m'a même porté un coup de poing sur l'œil qui m'a fendu la figure !

— Je vous le répète, Grenu, vous étiez décidé à le tuer, et vous alliez dire partout : « Il faut que je tue Nicaise! Je me laverai les mains dans son sang! » Et, le soir du 28, aussitôt après votre rixe, vous êtes rentré chez vous, vous avez décroché du mur un couteau arabe que vous aviez rapporté d'Algérie, et ce couteau, ensuite, ne vous a plus quitté, Grenu... Vous n'avez plus cessé de le porter!

— Mais je vous demande bien pardon, monsieur le président! sanglote encore Grenu... D'abord, si je suis rentré chez moi, c'est que ma petite chienne n'avait pas mangé depuis le matin... Et pour le couteau, je l'ai bien pris, mais c'était pour me défendre.

— Allons, dit le président, c'est bon; mais le lendemain, en attendant, et toujours avec votre couteau sur vous, vous faites proposer à Nicaise une entrevue soi-disant « pacifique », quand il vient lui-même vous chercher. Vous étiez encore chez un marchand de vin, au Grand Mazarin, et, cette fois, je le reconnais, c'est bien Nicaise qui vous menace. Il vous entraîne dehors en vous maltraitant, des agents vous séparent, et vous redescendez vite vers le boulevard Saint-Germain, où vous saviez qu'il redescendait aussi par une autre rue. Vous connaissiez l'endroit où il devait passer, et vous allez vous y embusquer entre un tas de pavés de bois et un kiosque de journaux, et là, vous attendez, et, quand Nicaise arrive, vous sautez sur lui, vous lui enfoncez votre couteau dans la poitrine... Le cœur, les côtes, tout était transpercé! Le coup atteignait presque la colonne vertébrale... Le malheureux était mort!...

— Eh bien! monsieur le président, crie Grenu hors de lui en coupant toujours son récit de sanglots étouffés dans son mouchoir, ça ne s'est pas du tout passé comme ça!... Je jure que je voulais avoir avec Nicaise une entrevue pacifique, mais on me disait : « Tu sais, nous ne répondons de rien; il te promettra bien de ne pas te frapper, mais il te frappera tout de même! » Qu'est-ce que je pouvais faire? Il fallait bien pourtant que ça finisse... Alors, je lui ai fait parler d'un duel, avec des témoins et des médecins, derrière le marché Saint-Germain... Mais v'là que le soir même j'étais au Mazarin, quand il entre et qu'i' me dit : « Dis donc, il paraît que tu veux m'envoyer des hommes forts... Viens-y don' avec tes hommes forts!... Je m'en vais te donner une commission pour eux! — Allons, que je lui dis, laisse-moi tranquille, Nicaise, je ne te demande qu'une chose, c'est de me laisser tranquille... Veux-tu me laisser boire mon verre?... — Tu ne le boiras pas, qu'i' me répond alors, je te le défends!... » Et il me saisit le bras, me prend par le collet, et se met à me traîner dehors... J'avais la figure en sang, le sourcil fendu, j'étais malade, je voulais aller me faire soigner... Je pars, je m'en vais, je redescends par la rue Grégoire de Tours, mais qu'est-ce que je rencontre encore sur le boulevard?... Nicaise!... Je le reconnais à sa grande taille... Alors, monsieur le président, c'est malheureux à dire, mais je l'ai imploré!... « Voyons, Nicaise, que je lui ai dit, mais tu ne veux donc pas me laisser tranquille, tu ne veux donc pas?... » Mais ce n'était pas un homme que Nicaise, c'était un tigre, monsieur, et i' m' répond : « Je veux t'envoyer à l'hôpital! » Et c'est à ce moment-là qu'i' m'a repris, et que je l'ai frappé de mon couteau!...

— Eh bien, c'est bien cela, conclut M. Mariage... Mais ne parlez plus de tigres, ne parlez plus de bêtes fauves, Grenu!... Vous aviez un couteau, vous l'avez plongé dans le cœur de votre ennemi, et *ce que vous avez fait là est tout à fait dans leurs mœurs !...* Asseyez-vous... Audiencier, faites entrer la fille Vasseur...

⁂

La fille Vasseur arrive tout effarouchée.

Trente ans, un nez cassé qui s'écrase dans une figure couleur de brique, et deux yeux bleus épouvantés. Elle porte un chapeau sombre, mis comme à coups de poing, une robe noire et un caraco de peluche.

— Votre profession? demande M. Mariage.

Elle répond d'une voix enrouée :

— Blanchisseuse.

— Votre domicile?

— Rue Git-le-Cœur.

— Vous jurez de dire la vérité, toute la vérité?...

— Oui, monsieur le juge, s'écrie-t-elle exaltée, la vérité, toute la vérité, et toute la vérité !

Et elle raconte son histoire avec une bravoure magnifique.

— Monsieur, j'ai connu l'accusé quand je n'avais que dix-huit ans... C'est mon amant!

Mais il n'a jamais été mon souteneur! Il a mangé, au contraire, tout son argent avec moi, et ne m'a jamais donné que de bons conseils! Il voulait m'épouser et m'établir, et si je suis fille soumise, c'est que je l'ai bien voulu, ça ne regarde que moi!... Quant à ce nommé Nicaise, monsieur, je suis allée une fois avec lui, c'est vrai, mais c'est que j'étais grise, et je n'y serais pas allée autrement, et, quant à mon amant, monsieur, c'est de ma faute si l'on le voit là! C'est par moi que tout s'est passé! Si je n'avais pas été soûle, il ne serait pas où il est, et si je l'avais écouté, je n'en serais pas non plus là où j'en suis, je serais honnête, et si j'ai fait ce que j'ai fait, c'est que j'ai écouté Volatier! C'est Volatier qui m'a conseillée! C'est Volatier qui m'a tout fait faire!

Grenu, pendant toute cette déposition, sanglote et pousse des cris. Puis, on emmène la fille Vasseur, et l'audiencier introduit le garçon marchand de vin de la rue du Four.

— Que savez-vous? lui demande-t-on.

— Monsieur, voilà... J'ai entendu Grenu qui disait à Nicaise : « Tu sais, Nicaise, tu n'es pas chic!...Moi, je n'aime pas ma femme, je l'adore!»

— Et menaçait-il de le tuer?

— Oui... Il buvait avec lui sur le comptoir, et il lui disait en buvant : « Tu sais, Nicaise, j'irai au bagne, mais je te tuerai! »

— Faites entrer la fille Mazuel.

Une petite brune à grand chapeau, avec une voilette grenat, entre alors avec un grand bruit de talons.

— Monsieur, dépose-t-elle, je l'ai vu au Mazarin, et il disait : « Je le tuerai! » Mais il n'avait pas son bon sens. Et il était si malheureux qu'il ne touchait même pas à son verre! Il pleurait, il se tirait les cheveux, il se mordait. Enfin, il était fou! Alors, comme je l'avais toujours vu très poli avec tout le monde, je me suis dit : « C'est un moment, ça se passera. » Et puis, je me suis assise à côté de lui; il me faisait vraiment trop de peine, et je lui ai dit comme çà : « Voyons, Charles, qu'est-ce que vous avez donc? Voyons... Mais buvez donc votre verre! »

La fille Renard, elle, arrive en longue jupe de velours noir, dont elle soulève légèrement la traîne par derrière et dont elle chasse le devant à petits coups de pied. Blonde, mince, un chapeau d'or, des gants blancs, et la voix enrouée.

— Votre profession ?

— Artiste.

— Votre âge ?

— Vingt-cinq ans.

— Vous étiez la maîtresse de Nicaise ?

— Oui, monsieur.

— Et lui donniez-vous de l'argent ?

— Jamais, monsieur !... Il ne m'en donnait pas, mais je ne lui en donnais pas non plus. Je suis entretenue par quelqu'un à dix francs par jour, et Nicaise vivait de son côté avec sa mère, qui ne le laissait manquer de rien.

— Et Grenu voulait-il le tuer ?

— Mais oui, monsieur, Grenu le disait partout en se promenant avec un couteau.

— Et saviez-vous pourquoi ?

— Mais parfaitement.

— Vous dites ça bien tranquillement, mademoiselle... Eh bien ! messieurs les jurés, vous entendez. Voilà au moins une personne qui a une certaine philosophie... Huissier, faites entrer le témoin suivant...

— Monsieur Canas !

M. Canas est un mouleur, et le président lui demande :

— Vous connaissez Grenu, monsieur Canas?

— Oui, monsieur.

— Ne l'avez-vous pas vu prendre un couteau quand il est rentré chez lui après la dispute de la rue du Four?

— Je crois que oui.

— Et qu'est-ce que vous en avez pensé?

— Ma foi, je ne peux pas vous dire!... Qu'est-ce que vous voulez que j'en aie pensé?... Je n'en ai guère pensé plus long que si ça avait été une pipe.

— Allez vous asseoir...

Un tripier, un marchand de vin, des habitués du Grand Mazarin, viennent ensuite à la barre, puis une grosse fille en robe violet d'évêque, avec un chapeau à plumes du même violet, et l'on introduit, en dernier lieu, un jeune ouvrier très propre, gros, court, la figure douce et ronde, l'air bon enfant, en bourgeron bleu tout neuf, avec des souliers pointus.

— Votre nom?

— Volatier.

— Votre profession?

— Tourneur.

— Votre âge?

— Vingt-trois ans.

Et Volatier recommence à raconter le drame, dépose sur les propos tenus par Grenu, le duel proposé à Nicaise, les scènes du Grand Mazarin, le dénouement du boulevard Saint-Germain, et sur tout, à toutes les questions, répond correctement, méthodiquement, en excellent français, comme un vrai jeune homme d'aujourd'hui, instruit et moralisé par l'école.

* * *

Pauvre Grenu !

L'auriez-vous acquitté ?

Pourquoi pas ?

Et on le condamne, pourtant, à huit ans de travaux forcés.

LA FUITE BEX

On apprenait, un soir, par les dernières nouvelles, que l'agent de change Bex avait disparu, laissant un déficit de huit millions. M. Bex était un bel homme, très viveur, très galant, très brillant dépensier. On ne savait pas où il était allé, mais, peu de jours après la nouvelle de sa fuite, on recevait celle de son suicide. Il s'était tué en Suisse, dans un hôtel, sous le nom d'une de ses maîtresses, et, dans sa chambre, on avait trouvé trois lettres : l'une à sa famille, l'autre à un ami, la troisième à l'hôtelier.

Une charge d'agent de change à laquelle, depuis des années, le public apportait son argent en toute confiance sombrait donc avec un trou de huit millions. Mais Bex n'avait pas été seul coupable, et le détournement et l'abus de confiance étaient devenus, bien avant lui, la règle et le ton de la maison. On y pillait méthodiquement les clients, et la comptabilité, depuis quatorze ans, y avait toujours été fausse. Une pareille charge, en réalité, était la corne d'un bois, et la Justice, après deux années entières employées à en fouiller les fourrés, autrement dit à en examiner les livres, se décidait à retenir cinq personnages de la bande : Reumont, le prédécesseur même de Bex; Métais, liquidateur de la maison; Coache, un pauvre comptable un peu cruellement ramassé avec le reste; Rousseau, employé à la liquidation, et Yung, le caissier des coupons.

Reumont, ancien avoué, ne ressemble guère au brillant Bex. C'est un petit homme trotte-menu, la figure parcheminée, la tête pointue, les cheveux plats, la barbe raide, avec de petits yeux bigles sous un binocle d'écaille. Il se lève en hésitant, et reste penché en avant, les deux coudes sur l'appui du banc, comme s'il tremblait trop pour se tenir debout.

— Vous avez été agent de change pendant

treize ans, commence M. le président Horteloup, de 1874 à 1887. Vous succédiez dans la charge à M. Hollard, et vous y avez eu vous-même pour successeur M. Bex, qui l'a dirigée un an, de 1887 à 1888. Ensuite, après la fuite et le suicide de Bex, une instruction s'est ouverte, et vous avez été mis alors en faillite, sur la demande du syndic de la faillite Bex. Bex, en effet, laissait un déficit de huit millions, mais on avait découvert, en examinant les livres, qu'en 1887, à la date même où vous cédiez la charge à Bex, elle se trouvait déjà, de votre fait, en déficit de cinq millions. Vous avez donc été déclaré failli comme agent de change, et il y a, de ce chef, un jugement contre vous... Reconnaissez-vous le fait matériel ?

Reumont, à cette question, remue la tête en se soulevant sur ses petits bras, dit quelques mots qu'on n'entend pas, mais qui paraissent n'être ni un acquiescement ni une dénégation, puis le président lui ordonne de parler plus haut, et il répond enfin d'une voix distincte :

— J'ignorais absolument le mauvais état où M. Bex avait mis les affaires, monsieur le président. Je ne savais rien, absolument rien du tout!

— Voyons, reprend le président qui parle avec froideur et d'un ton compassé, tâchons d'expliquer clairement les choses à MM. les jurés... En 1874, lorsque vous avez pris la charge, vous avez formé une société au capital de deux millions trois cent mille francs, et vous aviez bien, dès cette époque, Bex comme fondé de pouvoir?

— Parfaitement, monsieur le président.

— Eh bien! un rapport d'expert établit que, dès 1883, bien avant que vous ayez passé votre charge à Bex, il existait déjà chez vous un déficit supérieur au capital.

— Monsieur le président, répond Reumont d'une voix chevrotante, je ne l'ai su que par le rapport d'expert, et la révélation a été pour moi aussi cruelle qu'inattendue.

— Vous prétendez, en d'autres termes, que Bex menait tout chez vous?

— Absolument!

— Et vous soutenez toujours que vous avez tout ignoré?

— Absolument !

— C'est le système de tous les accusés, et il vous est d'autant plus facile de le suivre que Bex, dans l'une des lettres trouvées dans sa chambre après sa mort, déclare qu'il prend tout sur lui. Mais il s'agit ici de déficits constatés sous votre exercice, et vous ne pouvez pas, pourtant, pendant treize ans d'exercice, n'en avoir jamais rien su !

— Monsieur le président, balbutie et tremblote alors la voix de l'ancien agent de change, monsieur le président, devant Dieu et devant les hommes...

— Pardon, interrompt M. Horteloup, je ne vous ai pas dit de prêter serment. Vous persistez à affirmer que vous avez toujours tout ignoré, mais il y a des faits qui vous démentent. Ainsi, en 1884, à l'époque, justement, où il existait déjà un déficit supérieur au capital, vous avez reformé une nouvelle société. Vous avez bien dû, cependant, à ce moment-là, connaître le véritable état de votre charge?

— Mais non, proteste toujours Reumont, je l'ignorais complètement!... Bex, encore une fois, monsieur le président, dirigeait tout, conduisait tout, et contrôlait tout chez moi. Deux fois par an, il établissait un bilan; je le voyais, et c'était tout. Je m'en rapportais absolument à lui!

— Eh bien! poursuit le président après un silence pendant lequel les jurés changent de position sur leurs bancs, la comptabilité, chez vous, pendant treize ans, a été continuellement falsifiée. L'avez-vous aussi toujours ignoré?

— Mais oui! monsieur le président. Quand j'étais moi-même fondé de pouvoir, je dirigeais tout, et j'ai trouvé tout naturel que mon fondé de pouvoir dirigeât tout!

— Et vous êtes arrivé ainsi, en 1887, après la formation d'une seconde société, à un déficit de cinq millions! Mais vous ne saviez rien, vous ignoriez tout, et vous avez cédé votre charge en ignorant toujours tout?

— Absolument, monsieur le président, absolument!

— C'est singulier! poursuit M. Horteloup; mais répondez maintenant à une autre question... Dans votre charge, ou à côté de votre charge, on jouait énormément, on perdait beaucoup et, pour se couvrir des pertes, on commettait des abus de confiance qui portaient sur les titres confiés par les clients. Ces titres, on les déposait chez vous en grand nombre, et en 1887, au moment où vous avez quitté la charge, la plupart n'existaient plus. Il en manquait, à dire d'experts, pour un million sept cent quarante mille francs. Est-ce que vous l'ignoriez aussi?

La voix de Reumont, ici, redevient chevrotante, et il change le coude sur lequel il s'appuie, mais il se défend toujours.

— Mais oui, monsieur le président, mais oui!...

— Voyons, continue le président, précisons, et prenons, par exemple, le fait Paillard... Une dame Paillard administrait les biens de son mari, qui était fou. Cette dame vous charge d'acheter pour quinze cents francs de rente, et, quelques jours après l'ordre envoyé par elle, on l'avise que les quinze cents francs de rente sont achetés. Votre maison jouissait à cette époque d'une confiance si grande, qu'on ne se pressait jamais de prendre livraison des titres qu'on vous avait chargé d'acquérir, et Mme Paillard laissait les siens chez vous. Dix-huit mois plus tard, seulement, à la veille d'un tirage, elle vous écrit, et que lui répond-on? Que ses titres font partie d'une série. Or, il y avait bien, dans les dossiers, une cote Paillard, mais les titres n'y étaient plus, et les quinze cents francs de rente n'avaient jamais été achetés. Ignorez-vous aussi ça?

— Oui, monsieur.

— Et vous n'avez jamais eu non plus connaissance de tous les faits identiques à celui-là?

— Jamais!

— Eh bien! ce genre d'abus de confiance se pratiquait couramment dans votre charge. D'après les livres, d'après la comptabilité, la caisse aurait dû contenir pour des millions de titres, et, quand on y a regardé, le jour où l'on est venu mettre le nez dedans, il n'y avait rien, ou presque rien! Il y avait seulement huit millions de déficit! Et vous ne vous étiez jamais douté de rien? Vous n'aviez jamais eu même un soupçon?

— Non, répond toujours Reumont, qui a fini par prendre de la désinvolture, jamais!

Et il ajoute, sans se douter de ce qu'il dit :

— Tout marchait bien, personne ne réclamait, tout le monde était content!

— C'est bien, asseyez-vous.

* * *

Tout le monde était content! Le mot résume bien la situation, et, ce qu'il y a de plus surprenant dans ce drame de Bourse et de Coulisse, c'est la confiance insondable du public. La mer n'est qu'un bassin de square auprès de la tranquillité de ces clients que rien n'inquiète, à qui rien ne donne l'éveil, qui soupçonneraient plutôt leur père qu'un agent de change, et reposent en pleine satisfaction! Mais où tout le monde était content, c'était surtout dans les bureaux, parmi les employés, et nous en saurons quelque chose par l'interrogatoire de Métais.

Ce Métais est un gros garçon de vingt-neuf ans, puissant, gras, un *fort de la Bourse*, parlant avec une voix de basse faubourienne, et qui ne devait pas manquer de jovialité dans la splendeur.

— Métais, lui dit le président, vous êtes accusé de faux et de détournements commis de complicité avec un certain Drouineau, caissier des fonds dans la charge Reumont-Bex, et qui serait en ce moment à côté de vous s'il n'était pas mort. Vous êtes entré chez Reumont comme liquidateur en 1878. C'est vous qui, à chaque liquidation, releviez les opérations sur les carnets et établissiez les balances. Or, ces états de liquidation, dressés par vous pendant dix ans, de 1878 à 1888, sous Reumont et sous Bex, étaient dressés de deux manières. D'une part, il y avait les états vrais, avec lesquels Drouineau recevait et réglait les clients qui se présentaient à la caisse; de l'autre, il y avait les états faux, destinés à figurer sur les livres et à masquer les opérations véritables de la maison... Eh bien! Métais, qu'avez-vous à répondre?

Le gros garçon, d'abord, reste embarrassé.

— Est-ce bien ce que j'ai dit? insiste M. Horteloup.

— Oui, avoue enfin Métais.

Et il explique de sa voix de basse :

— A chaque liquidation, monsieur le président, je faisais les comptes, je les remettais à M. Bex, et ces comptes-là étaient toujours vrais. Ensuite, seulement, M. Bex venait me trouver et me les faisait rectifier...

— Vous les faisait rectifier?

— Oui, d'après ses indications.

— Et c'étaient ceux-là qui étaient faux?

— C'étaient ceux-là.

— Et, pendant des années, on vous a fait dresser ainsi de faux états de liquidation?

— Oui.

— Et vous n'agissiez que sur l'ordre de Bex?

— Parfaitement.

— Enfin, il y a, au total, à votre charge, trois cent quatre-vingt-deux faux représentant en chiffres ronds trois millions !

— Mais, explique alors Métais, tout se passait toujours d'après l'ordre de M. Bex, monsieur le président ! Il nous donnait ses instructions, et nous n'avions qu'à les suivre.

— Et toutes ces complaisances ne vous ont jamais rien rapporté ?

— Non, jamais !

— Vous n'en avez retiré aucun bénéfice ?

— Aucun, non !

— Eh bien ! continue le président, écoutez... Vous et Drouineau, vous jouiez beaucoup à la Bourse. Vous spéculiez chez des coulissiers avec les fonds de la maison, vous perdiez constamment, et vos différences étaient toujours payées ! Avec quel argent l'étaient-elles ? Mais ce n'est pas tout, et l'instruction établit encore autre chose. Vous touchiez, pour votre besogne, cent vingt-cinq francs par mois sous M. Reumont, et vos appointements, sous M. Bex, ont été élévés à trois cent cinquante francs. Avec les bénéfices réguliers qui pouvaient s'y rattacher, votre place n'a jamais dû vous rapporter plus de quatre à cinq mille francs par an. Or, vous viviez largement, presque comme Bex lui-même! Vous aviez maîtresse, chevaux... Et vous pouviez mener cette vie-là, jouant, perdant, payant vos différences, ayant maîtresse et roulant équipage, avec les cinq mille francs de votre place?

Métais, malgré sa carrure, se sent ici un peu décontenancé, et répond avec un mélange de trouble et de mauvaise humeur :

— Monsieur le président, je n'ai pas toujours perdu, j'ai fait des gains, et j'ai souvent aussi été le prête-nom de M. Bex dans de grosses affaires.

— Enfin, conclut M. Horteloup, voici des chiffres... Vous avez perdu, en trois ans, de pertes connues, cent quarante-sept mille francs! En outre, pendant que vous perdiez ces cent quarante-sept mille francs, vous aviez, à la Société générale, un compte de chèques dont les versements se comptent comme suit : Versement de 1887, soixante-dix mille francs. Versement de 1888, trois cent mille francs. Tout cela avec une place de cinq mille francs par an!... Allons, expliquez-nous un peu comment, avec ces cinq mille francs par an, vous pouviez toujours perdre et toujours encaisser?

— Mais je perdais pour le compte de M. Bex, je jouais pour lui!

— Vous perdiez pour le compte de M. Bex? Ah çà, mais quand vous jouiez pour Bex, vous perdiez donc toujours, et vous gagniez donc toujours lorsque vous jouiez pour vous?

— Il y avait de ça, répond ridiculement Métais.

— Il y avait de ça! Comment, il y avait de ça! Mais vous nous disiez, tout à l'heure, que si vous aviez fait des gains, c'était en étant le prête-nom de Bex!... Enfin, c'est entendu, vous prétendez qu'il n'y a jamais eu de coupable que Bex! C'était Bex qui perdait, Bex qui faisait faire les faux, Bex qui en profitait seul! Et comme Bex est mort...

— Mais oui, il n'y avait que lui!

*
* *

Le pauvre Coache comparaît bien aussi, comme les autres, entre les gendarmes, mais sa situation est toute différente. Il n'avait, lui, ni chevaux, ni maîtresses, mais simplement une femme et quatre enfants, et l'on ne trouverait pas au théâtre beaucoup de cas aussi dramatiques que le sien.

— Vous étiez comptable dans la maison, lui dit le président ; il y avait vingt ans que vous occupiez la place, et je tiens à déclarer, d'abord, que votre existence n'a pas cessé, un seul instant, d'être honnête et méritoire. Vous n'avez jamais bénéficié frauduleusement d'un centime, l'instruction n'a rien pu relever contre vous à cet égard, et vous n'avez jamais fait que toucher, pour nourrir et élever votre famille, vos petits appointements, de deux cents francs par mois d'abord, et de trois cent cinquante francs ensuite. On trouve contre vous, cependant, trente-six faux qui dissimulent pour cinq cent vingt-quatre mille francs de détournements. Eh bien, voyons, Coache, on comprend la position difficile où vous étiez, mais dites-nous, néanmoins, ce qui peut vous justifier ?

Le vieux comptable est très rouge, très ému, et finit par répondre, au milieu d'un grand silence :

— C'était M. Bex, monsieur le président, qui

m'ordonnait de faire des erreurs d'addition.

— Mais vous ne deviez pas consentir, reprend M. Horteloup... Vous avez contribué, par votre consentement, à la ruine de la clientèle, et bien des désastres n'auraient peut-être pas eu lieu si vous aviez résisté.

— Je le sais bien, balbutie Coache, mais on me disait : « Faites ceci, faites cela, ou vous serez mis à la porte. »

— Et qui vous disait cela?

— M. Bex.

— Mais il n'y avait pas que M. Bex dans la maison; il y avait aussi M. Reumont, et comment la pensée ne vous est-elle pas venue de prévenir M. Reumont?

— Elle m'est bien venue, répond-il.

— Elle vous est venue?

— Oui.

— Et vous ne l'avez pas mise à exécution? Vous n'avez jamais rien dit à M. Reumont?... Pourquoi?

Coache, ici, ne répond plus. Il baisse seulement la tête. Et qu'aurait-il pu dire à Reumont? Un mot de plainte, et on le chassait! Et, aujourd'hui encore, comment pourrait-il répondre au président? Un mot de révélation, un oui ou un non de trop, et il ne retrouverait peut-être plus à se placer nulle part le lendemain de son acquittement! Il défendait le pain des siens chez ses patrons, et le défend encore devant la Cour.

* * *

Rousseau se trouve aussi dans une situation spéciale. Il était le vieil ami de Bex, un ami modeste, d'autant plus soumis à son influence, et comme Coache, à ce qu'il semble, bien que pour d'autres motifs, il n'a guère eu que des complaisances sans bénéfices.

— Vous étiez commis à la liquidation, constate M. Horteloup, et, comme beaucoup d'employés d'agent de change, vous aviez un petit intérêt dans la maison, une part de vingt-cinq mille francs. Vous êtes inculpé de complicité dans les faux, et l'instruction, en outre, vous reproche de vous être constitué à tort un crédit de quarante-sept mille francs.

— C'était Bex qui me faisait créditer, explique l'accusé. Souvent, il manquait d'argent, et il me disait : « J'ai besoin de cinq mille francs, de dix mille francs, je vais les faire porter à ton crédit, tu les toucheras, tu me les prêteras, et je te les rendrai un de ces jours. » Naturellement, j'acceptais, et on me créditait de la somme, mais c'était pour la remettre à Bex.

— Sans reçu?

— Mais oui, monsieur le président!

— Et vous ne saviez pas que Bex commettait des détournements?

— Non, répond Rousseau.

— Asseyez-vous.

Et l'on passe à Yung, qui fait un peu l'effet du comique de la troupe. Tout jeune, tout mince, dans une jaquette étriquée de saute-ruisseau, avec un nez rond entre deux petits yeux farceurs, et un lorgnon sur le tout, dans une figure d'étourneau, tel était le caissier des coupons dans la maison Reumont-Bex.

— Dans votre caisse, lui dit le président, les experts ont constaté un déficit de quarante-six mille francs de coupons...

Yung, à ce moment, lève un doigt pour répondre, mais le président lui fait signe d'attendre, et expose le cas du caissier des coupons, on ne peut plus simple, paraît-il, mais que l'accusé aurait eu le génie d'embrouiller de telle façon que personne n'y comprend plus rien. Yung, en résumé, avec son air farceur, aurait mis tranquillement, d'après l'accusation, les quarante-six mille francs dans sa poche. D'après lui, au contraire, il les aurait donnés à Bex, qui lui demandait, comme à Rousseau, tantôt une somme, tantôt une autre.

— Dans tous les cas, conclut le président, et même en admettant que vous ayez remis, comme vous le dites, de la main à la main, pour trente-six mille francs de coupons à Bex sur quarante-six mille, il reste encore une somme de dix mille francs pour laquelle vos explications ne sont pas admissibles. Il est établi que votre déficit particulier n'était que de trente-six mille francs à la fin d'octobre. Or, Bex, à partir de cette époque, n'a pas reparu dans la maison. Vous ne l'avez donc pas vu, et vous n'avez pas pu lui donner dix mille francs de plus.

Mais Yung lève encore le doigt.

— Oui, monsieur le président, répondit-il, oui, mais ces dix mille francs, je les avais déjà prêtés à M. Bex bien avant, avec de l'argent à moi.

— Vous aviez de l'argent à vous ?

— Je l'avais reçu d'Angleterre, monsieur le président !

— Mais vous auriez reçu des millions d'Angleterre, tout ce que vous auriez reçu n'expliquerait pas le déficit de dix mille francs constaté dans votre caisse à une époque où vous ne pouviez plus voir Bex !

Le mystère, en effet, reste complet, et ce n'est qu'après des suppositions et des discussions sans fin que l'expert en comptabilité demande si, par hasard, Yung ne prétendrait pas s'être remboursé de lui-même sur ses coupons.

Et Yung, alors, lève encore le doigt, répond que c'est bien ce qu'il voulait dire, et se rassied en acquiesçant.

*
* *

On a pu juger de la portée de l'interrogatoire ; on va juger maintenant de la portée des dépositions.

M. Hart est le syndic des agents de change ; c'est un vieillard, et il approche lentement de la barre, à l'appel de l'audiencier.

— M. Reumont, déclare-t-il, est entré dans la Compagnie après un long stage chez M. Hollard. Il avait toute la confiance de ses collègues, et nous avions avec lui les relations les plus courtoises. Il a donc obtenu sans difficulté l'honorariat... Malheureusement, continue le vieux syndic, il avait Bex pour fondé de pouvoir, et Bex, qui était joueur, jouait sur le dos de M. Reumont.

— S'il y en a un sur le dos de qui on joue, dit à ce moment tout bas quelqu'un derrière moi, c'est Bex, et il l'a bon!

Mais M. Hart continue sa déposition.

— Jamais, déclare-t-il, monsieur le président, notre attention n'a été éveillée, et il a fallu, véritablement, un concours de circonstances bien extraordinaires pour que ce qui s'est passé se soit passé!

— Étiez-vous syndic lorsque Reumont est entré en fonction? demande M. Horteloup.

— Non, c'était M. Moreau.

— Et, en 1884, lors du renouvellement de la société?

— C'était moi.

— Eh bien, monsieur, lorsque ces renouvellements de société ont lieu, est-ce que la chambre syndicale ne se préoccupe pas de savoir si les apports sont réels?

— Mon Dieu! non, monsieur le président.

— Alors, en 1887, vous n'avez rien vérifié à cet égard?

— Rien, monsieur le président.

— Et quand Reumont a quitté sa charge, on n'a pas été un peu surpris de son départ?... On n'a rien dit?

— Si... peut-être... On lui a reproché de partir trop tôt, mais il a répondu qu'il avait des goûts modestes, et que sa fortune était suffisante pour aller vivre avec sa mère.

— Mais est-ce que dès la fin de 1888 il ne courait pas des bruits sur la charge de Bex? insiste le président.

— En effet, avoue M. Hart.

— Eh bien?

— Eh bien! M. Bex est venu lui-même prier la chambre de vérifier ses carnets.

— Et la chambre les a vérifiés?

— Oui.

— Et elle n'a rien trouvé de suspect?

— Mais non, monsieur le président, rien.

— La vérification a donc été bien sommaire?

— Mon Dieu! oui, monsieur le président. Quand on va passer une heure chez un collègue, il est bien difficile de vérifier tous ses livres... Que voulez-vous! Nous ne soupçonnions rien!... Un jour, seulement, on est venu nous dire : « Vous ne savez pas?... Il y a un trou dans la caisse! » Alors...

— Alors?

— Alors la chambre a prié deux de ses membres de faire encore une enquête, et ces messieurs ont demandé plusieurs rendez-vous à M. Bex, mais M. Bex était souffrant. Il avait bien fini, ensuite, par accepter une entrevue pour le 16, mais ce jour-là il était parti.

— Et le lendemain de sa fuite?

— Des bruits fâcheux circulaient, convient M. Hart, et il fallut même avertir le préfet de police, puis commencer la vérification des livres.

— Et quelle attitude avaient les employés?

— Dame! ils protestaient qu'ils n'avaient jamais rien fait que d'après les ordres de M. Bex... Et, quant à M. Reumont, monsieur le président, il était certainement le plus étonné de nous tous!

— Naturellement! lance M. Horteloup. Et quelle impression vous a faite Coache?

— Bonne.

— Et Métais?

— Moins bonne.

Puis, le président interroge le témoin sur les inventaires ordinairement prescrits dans une charge d'agent de change, et le syndic s'explique encore sur ce point avec la tranquillité qui accompagne toutes ses réponses :

— Monsieur le président, répond-il, cela dépend des maisons. Il y en a qui en font tous les mois, d'autres tous les trois mois, d'autres tous les six mois, d'autres tous les ans...

— Et chez vous, Reumont, demande le président, quel était l'usage?

Mais Reumont lève les bras au ciel. Il n'en sait rien! C'était encore Bex qui le savait!

*
* *

Et les autres témoins défilent. Les clients et les victimes dont la fortune ou l'aisance s'en sont allées par l'effrayant déficit de Reumont se succèdent à la barre, et l'un d'eux, un éditeur, M. Henri Baillère, fait cette déposition stupéfiante :

— J'avais vendu, en 1887, un immeuble représentant une valeur de trois cent vingt mille francs, et j'eus l'idée de placer les fonds en rentes françaises trois pour cent. La rente était alors très bas. J'allai trouver M. Reumont, je lui donnai l'ordre d'acheter et de reporter de mois en mois, jusqu'au jour où je toucherais mes trois cent vingt mille francs, et je lui remis, en juillet, un chèque de cette somme. En même temps, il me livra les titres. Les choses en étaient là, quand, en octobre, M. Reumont me proposa de lui rendre mes titres pour faire des reports. Je lui répondis : « Non, je n'entends rien aux opérations de Bourse, je ne veux pas. » Alors, il insista, revint à la charge, m'assura qu'il ne s'agissait pas là d'une spéculation, mais d'une affaire sûre, de tout repos, et je finis par me laisser convaincre. Je lui confiai pour dix-sept mille francs de rente... Je reçus bien, dans la suite, un certain nombre de comptes, mais je n'y comprenais absolument rien. En mai 1888, cependant, je voulus voir clair dans ma situation, et j'écrivis à M. Bex. Pas de réponse. J'écrivis une seconde lettre. Toujours pas de réponse! J'envoyai une troisième lettre un peu plus accentuée que les autres, et M. Bex, cette fois, me répondit que j'étais créancier de onze mille francs, qu'il m'avait adressé mon compte par la poste, mais que la poste l'avait perdu... Je n'acceptai pas la raison, et je déclarai pour la quatrième fois, et très haut, que j'exigeais absolument un compte... Qui vis-je alors arriver? M. Reumont, bien qu'il ne fût plus dans la charge. Il venait m'apporter les excuses de M. Bex, commença des explications où je n'entendis pas grand'chose, et termina en me déclarant que j'étais, non pas *créancier* de onze mille francs, mais *débiteur* de cent quinze mille! Mon premier mouvement fut de retirer mes titres, mais M. Reumont s'empressa de m'en détourner, et finit par m'en dissuader. Quelques mois plus tard, après la fuite de Bex, on ne les retrouva plus, ils avaient disparu!

— Aviez-vous quelquefois touché des différences?

— Aucune! Jamais!

— Et le capital, vous l'avez perdu aussi?

— Également.

— A combien se montait-il?

— A environ cinq cent mille francs!

※
※ ※

L'avocat général ne se contente pas seulement de requérir contre les accusés, mais flétrit encore toute la Compagnie des agents de change, et il faut bien convenir que c'est justice. Quant à la défense, elle avait fait venir une sœur de Reumont, qui sanglotait dans la salle pendant que l'avocat parlait. Mais comment défendre l'auteur avéré de sept millions de déficit? Il devait évidemment voler chez lui comme on volait autour de lui, et comme tout le monde volait, excepté ce pauvre diable de Coache, dans cette charge phénoménale! Le patron volait! Le fondé de pouvoir volait! On volait aux coupons, à la liquidation, aux fonds, aux titres! Bex? Voleur piaffant! Reumont? Voleur austère! Métais? Un voleur gras! Yung? Un voleur maigre! Partout, sous toutes les formes, et toujours, on volait! Des mains de voleurs sortaient de tous les guichets, et, sur tous ces voleurs, dans ce coin de bois ministériel, s'étendait, inconsciente comme toutes les ombres, l'ombre syndicale de M. Hart!

Croirons-nous encore, désormais, à l'honnêteté quand même de tous les gens qui vous reçoivent derrière des grilles? Sur tous les murs de Londres, on lit : *Prenez garde aux pickpockets!* Il faudrait peut-être inscrire sur les murs de la Bourse : *Prenez garde aux agents de change!*

MICHOT

Le 21 octobre 1891, entre sept et huit heures du soir, au cinquième du 107 de l'avenue de Neuilly, on trouvait « le père Charles » assassiné chez lui, étranglé, ligotté, avec ses matelas et ses meubles sur le corps... Cette maison du 107 est modeste, mais d'une apparence parfaite. *On est prié de s'essuyer les pieds au bas de l'escalier,* et tout y reluit avec une propreté de couvent.

Entre cinquante-cinq et soixante ans, le père Charles était un ancien jardinier qui avait fait des économies, hérité d'une maîtresse, et monté, avec tout cela, un petit « mont-de-piété » en chambre.

— Dites donc, *mon* père Charles, j'ai besoin de dix francs; v'là une pendule qui en vaut trente, prêtez-moi donc dix francs dessus.

— Entendu, disait « mon père Charles », et vous me devrez bien dix francs, mais je ne vais vous en donner que sept... Où est-elle, vot' pendule?...

Les emprunteurs défilaient du matin au soir, on ne cessait pas de s'essuyer les pieds au bas de l'escalier, et la concierge n'en finissait plus de nettoyer son paillasson. D'autres fois, « mon père Charles » s'en allait trotter dans Neuilly; on l'y rencontrait avec des paquets sous le bras, et il ne se reposait que le dimanche. Il avait, ce jour-là, « une bonne amie » qui lui faisait visite. Elle rangeait et nettoyait son ménage, lui raccommodait ses nippes, et c'était là, depuis des années, toute l'existence du père Charles, quand on l'avait trouvé étranglé sur son parquet, au milieu de ses pendules et de ses bibelots sens dessus dessous dans son cinquième.

* * *

Il était évidemment dans la destinée de « mon père Charles » d'avoir toujours « du monde » autour de lui. C'étaient, de son vivant, de continuelles ascensions de clients dans son escalier, et l'on ne devait pas ramasser moins de quatorze voleurs, escrocs, bandits, étrangleurs ou coquins de tout genre autour de son meurtre. Nous voilà donc, encore une fois, devant tout un chapitre de gredins au milieu desquels se détache, comme dans un cadre, un certain Michot, le fameux, l'invraisemblable Michot! Bien invraisemblable et bien fameux, en effet, ce Michot, légendaire dans tout Neuilly ! Il a quarante-huit ans, de terribles favoris noirs, et l'on n'a jamais pu savoir ce qui l'emportait en lui du polichinelle ou du scélérat. Propriétaire, homme politique, forcené coureur de bonnes, ancien candidat républicain au Conseil municipal de Paris, il est le fils d'un riche marchand de bois des Ternes. Après de mauvaises études faites dans une « boîte », il entre dans une maison de soieries, passe deux ou trois ans dans le commerce, fréquente alors en même temps les forains et les saltimbanques, et finit même par vivre complètement avec eux.

Au bout d'un certain temps, néanmoins, il sent le besoin d'une existence plus correcte, et se fait placier en vins. Le placement des vins, seulement, ne marche pas; il a une maîtresse, ils viennent d'avoir un enfant, et le père Michot leur achète un fonds de mercerie rue Bélidor. Mais la mercerie n'alla guère mieux que les vins, Michot ne pouvait pas voir passer une femme, ni surtout une bonne, sans bondir derrière le comptoir de la petite boutique et se mettre à courir après la femme dans la rue. La mercerie, en fin de compte, ne dura pas six mois. Boutique, épouse, enfant, clients, Michot lâchait encore tout, se remettait dans les vins, et se relançait dans d'autres métiers. On le retrouve secrétaire d'un général turc, associé d'un marchand de pastilles, voyageur en vélocipèdes, et toujours de plus en plus acharné, sous toutes ses transformations, à l'éternelle et haletante poursuite de « la bonne », quand il découvre enfin sa véritable voie dans la « réglementation des convois ». Il se sent, tout à coup, la vocation des enterrements, le génie du croquemort, et « fonde », selon l'expression admirative d'un de ses collègues en couronnes, « les pompes funèbres de Neuilly ». Sa fringale de bonnes s'étendait aussi aux portières, et, grâce aux innombrables jalons, ou même aux poteaux définitifs posés par lui dans les loges et dans les cuisines, il se constituait bientôt un véritable fil spécial par lequel lui arrivaient toutes les informations mortuaires. Il ne trépassait plus un vieillard ou un enfant qu'il n'en eût immédiatement la nouvelle. Tous les derniers soupirs se rendaient en quelque sorte à son oreille, et il ne faisait alors qu'un bond. Il fondait sur la maison, arrivait avec son importance de gros monsieur déplaçant de l'air, le chapeau à la main, les favoris condoléants, et violait la douleur des gens avec une autorité compatissante.

— Ah! c'est une bien grande perte, monsieur... Une mère, oui, je sais, j'ai perdu moi-même la mienne dernièrement... C'est ce qu'il y a encore de plus douloureux!... Et quelle classe prenons-nous?... Deuxième? Troisième? Mettons-nous des feux de Bengale?... Non? pas de feux de Bengale? Quatrième classe?... Cinquième?... Sixième?... On peut toujours faire quelque chose qui vous donne satisfaction... Attendez, je prends mon carnet... Ah! monsieur, ah! madame, c'est bien dur, bien dur, oui, oui, et je m'excuse... Et une tenture de porte ne vous irait pas?... Parfaitement... Soixante-quinze francs... Un écusson?... Évidemment... Vingt-cinq francs pour l'écusson... Et nous mettons bien aussi un petit catafalque... Sans catafalque, vous savez... ce serait bien nu, pour une mère... Il faut quelque chose *qui parle* un peu... Allons, un catafalque! Mais oui, c'est évident!... Quatre-vingts francs, le catafalque!... Et, maintenant, voulez-vous des larmes?... C'est bien noir, sans larmes, c'est bien noir!... Nous voyons quelquefois des convois sans larmes, et véritablement... Oui, oui, des larmes... C'est indispensable... Vous permettez que j'écrive?... Quarante-cinq francs pour les larmes...

Personne ne dressait comme lui un devis funèbre. C'était son « art ». Puis, l'affaire une fois enlevée, pendant que le fils ou la fille se sentaient le cœur soulagé par les mille ou quinze cents francs qu'ils venaient de dépenser pour le mort ou pour la morte, le « fondateur des Pompes funèbres de Neuilly » caressait en repartant la taille de la domestique, chatouillait en bas celle de la concierge, et s'envolait vers d'autres jupes.

* * *

Il se faisait, en somme, de jolis bénéfices, mais il ne lui en restait jamais rien, et tout ce qui venait par le cimetière s'en allait par la paillasse. Les femmes, l'argent, les morts, sa vie se passait à chasser ces trois gibiers, et certains décès assez mystérieux, suivis d'ailleurs de convois « bien ordonnés », surviennent, à ce moment, dans son commerce de croque-mort galant.

A l'époque de son association avec le marchand de pastilles, Michot, comme bien on le pense, cultivait la bonne de la maison, et cette fille, une certaine Louise, avait déjà enterré un mari, un nommé Lagny, dont elle était la veuve, lorsque le marchand de pastilles ne tardait pas à mourir aussi, et Michot empochait, du coup, une somme de dix mille francs stipulée dans l'association, en même temps que Louise passait au service d'un vieux monsieur, M. Compoing, propriétaire de toute une rue. Elle n'était pas, alors, depuis six mois dans la maison, qu'elle y prenait plus d'autorité que la pauvre Mme Compoing elle-même. M. Compoing ne voulait plus voir que par ses yeux, n'entendait plus que par ses oreilles, ne faisait plus rien que par elle, ne vivait plus que pour elle... La pauvre vieille Mme Compoing s'en jetait un jour par la fenêtre de désespoir! Et qui apparaît à ce moment-là pour les funérailles ? Michot ! Il règle tout, ordonne tout, et si bien, si économiquement, que le père Compoing, séduit, invite bientôt à sa table, et recherche pour son ami, l'ordonnateur même du convoi de Mme Compoing ! Voilà donc Michot dans le ménage ! Il y dîne, y déjeune, y passe ses soirées, y couche même à l'occasion. Le père Compoing, alors, n'est pas long non plus à décéder à son tour, pour être, lui aussi, mené en pompe par Michot, qui règle, ordonne et conduit encore tout ! Et qui hérite du père Compoing ? Louise, la veuve Lagny. Et qui épouse la veuve Lagny ? Michot ! Mais, au retour même de la noce, la brouille était déjà dans le ménage. Mme Michot n'entendait pas que son mari touchât à ses rentes ; Michot n'entendait pas qu'elle l'entendît ainsi. La bataille s'engageait entre eux autour de la caisse, et Michot, un beau jour, plante encore tout là, argent, femme et enfant, pour se remettre, avec frénésie, à la poursuite des cadavres et des cotillons.

— Ah çà, mais où donc étiez-vous passé ?... lui dit une fois l'employé de son associé, un nommé Gallot, ancien gardien de prison devenu commis de pompes funèbres, un jour qu'en longeant l'avenue il l'avait vu disparaître subitement dans la maison du prince de L... Vous avez du toupet, vous, de vous enfiler comme ça chez les princes !

— Hé! hé! répond Michot en faisant claquer sa langue et en esquissant un entrechat, les bobonnes! les bobonnes!

— Mais vous avez donc des maîtresses partout? lui dit encore une autre fois le commis... Je viens de découvrir une famille où vous en aviez encore une... Heureusement qu'elle vient de mourir!... Mais vous leur auriez, paraît-il, donné la couronne qu'on a prise pour l'enterrement, et la famille nous renvoie la facture, par rapport que c'est un cadeau que vous auriez fait à leur fille, et ils ne veulent pas payer!... Et votre femme, dans tout ça ? C'est donc tout à fait fini ?

— Ma femme? répondait Michot. Oui, c'est fini! Elle pisse au lit, d'abord, et puis elle s'enfile trop de verres de vin!...

— Si elle pisse au lit, répliquait Gallot, je ne suis pas dans le cas de le dire, et je ne veux même pas le savoir, mais je vous trouve out de même épatant!...

Et le commis lui faisait de la morale, car Michot, outre sa femme, avait encore sa première maîtresse, une fille de cette maîtresse, et ne leur envoyait jamais un sou.

— Voyons, s'écriait Gallot, mais réglez-vous donc ! Faites un budget ! Foutez-leur une fois pour toutes un billet de deux cents francs par mois, et puis je vous passe les bobonnes ! Mais, nom de nom, des maîtresses !... Tout le monde en a, des maîtresses !... Mais on ne s'y prend pas comme vous !... On ne s'enfile pas dans des histoires comme les vôtres !

Mais Michot n'écoutait rien, et ils étaient encore un jour tous les deux en courses funèbres, portant chacun des couronnes, quand ils aperçoivent un tablier qui trotte. Michot donne vite alors son paquet à Gallot, part, et l'employé ne le revoit plus de la journée... Le soir, une bonne arrive au bureau, Gallot reconnaît « le tablier », et la domestique demande, tout essouflée, si le monsieur de tantôt n'est pas rentré, en ajoutant qu'il lui a volé sa clef...

Cette « clef volée » parut singulière, et il tombait, d'ailleurs, des réclamations de partout. Michot empruntait de l'argent de tous les côtés, bien qu'il *fit plus de morts que jamais*, et sa fureur des « bobonnes » tournait de plus en plus à la folie.

* * *

C'est à ce moment-là de sa carrière que nous voyons Michot à son apogée. Il a des bonnes, des concierges, des femmes et des dettes dans toutes les maisons ; il enterre énormément, et l'ambition politique le prend. A force de parler aux parents des morts, l'idée lui était venue de parler aux électeurs, et il se présente au conseil municipal comme *candidat de la République* RATIONNELLE. Le besoin furieux de monnaie, cependant, le talonne de plus en plus, il ne sait plus où en trouver, et s'associe alors à une société de banque bizarre, tenant autant du plein air que du guichet, et qui flânait souvent dans Neuilly.

Il y avait là deux frères André, André jeune et André aîné, un poète appelé Ivorel, un individu nommé Barré, un certain Gaudissart, et un petit bonhomme à lorgnon, tout vermiculé de petite vérole, nommé Charrel. Les deux André se donnaient comme banquiers, et avaient effectivement un bureau d'opérations, l'*Epargne universelle, André et C*^{ie}, 48, rue Fontaine-au-Roi, dont Ivorel disait :

— C'est une rude banque, cette banque-là... On y chahute tout le temps les pieds sur les fauteuils, et on y crache partout, excepté dans les crachoirs !

Le patron de la maison, André aîné, ne portait jamais son paletot que posé sur ses épaules, en cas d'arrestation.

— Comme ça, faisait-il observer, on *fera* le paletot, mais on ne *fera* pas l'homme...

Ivorel, lui, rimait des vers, dessinait des costumes, parlait le parlé lent des poètes, et fumait nonchalamment une éternelle cigarette. Il attirait les petites filles chez lui, et avait attaché un jour un vieillard sur son lit en lui serrant le cou avec une corde jusqu'à ce qu'il lui eût donné de l'argent.

— Dites donc, dit tout de suite la bande au candidat de la République rationnelle, vous devez avoir des relations, vous, monsieur Michot?... Vous allez nous indiquer des affaires...

Et c'est alors que Michot, en cherchant dans ses « relations », avait pensé à « mon père

Charles », un vieil ami qui ne passait jamais devant la boutique de couronnes sans s'y arrêter. « Le vieux grigou, pensa la Banque André, doit avoir de l'argent chez lui. » Et « mon père Charles » ne tardait pas, en effet, à recevoir la visite de l'*Épargne universelle*...

* * *

— Monsieur Binder, l'associé de M. Michot?

— C'est ici, monsieur, me répond un petit homme en longue redingote, débraillé, à figure couleur de brique, aux yeux verts, dans lequel je reconnais Gallot, l'ancien gardien de prison devenu commis de pompes funèbres.

Les ornements mortuaires, les couronnes de perles et les *Regrets éternels* pendent aux murs du haut en bas, et je demande à l'employé si, d'après ce qu'il peut savoir, Michot est vraiment coupable.

— Mais comment donc! fait-il avec un haussement d'épaules philosophique; mais parfaitement! Et y a pas d'erreur, allez... Tout le monde avait bien fini par le voir... Et un garçon capable!... Très capable!... Une position exceptionnelle dans Neuilly... Positivement!... Une très belle position!... Et qui s'est enfilé dans cette bande-là!...

— Mais comment?

— Ah! comment, comment, comment... Mais les femmes, parbleu, les femmes!... Ah! pour ça, par exemple, vous n'en trouveriez pas deux comme lui!... Il est chaud... Et je le lui disais bien souvent : « Ah ! vous, Michot, pour chaud, vous êtes chaud! » Et vous savez, on n'avait pas à vouloir le retenir avec des paroles... *I'n's'enfilait* pas dans un raisonnement!... Et la brune, la blonde, à droite, à gauche... Et allez donc! Tout y passait!...

— Et il connaissait le père Charles depuis longtemps?

— Mais de vieux amis, voyons, mais de vieux amis!... Et mon père Michot par-ci, et mon père Charles par-là... I's'connaissaient comme s'i's s'étaient faits... Et je vous répète encore qu'y a pas d'erreur... Et regardez-moi donc seulement c'te table!... Tous les tiroirs, ici, sont forcés... I' venait voler la monnaie avec ses banquiers pendant la nuit... Je retrouvais le matin dans le bureau des coiffes à chapeau avec des pinces-monseigneur... Et quand on a eu tué mon père Charles, tenez, moi, je me doutais bien de quelque chose, et je regardais mon Michot avec des yeux qui l'embêtaient... Et il y a même ici un individu qui s'est dressé un jour devant lui, et qui lui a dit, en le dévisageant comme ça : « Michot, je suis de la police, chargé de chercher les assassins du père Charles, et je m'en vais commencer par vous interroger! » Eh ben, monsieur, i' s'est mis à trembler, trembler, trembler... Nous le regardions tous... I' tremblait comme la feuille... Et avec ça, vous savez, bon enfant, doux, très gentil, et toujours très propre sur lui... Oh! propre, d'une propreté!... Une femme, quant à ça, pouvait toujours aller avec lui... I' n' risquait pas d'y avoir d'erreur non plus sous ce rapport-là... Et fort!... c'est qu'i' faisait de la barre d'appui, et qu'i' m'aurait brisé comme une mouche!... Eh ben! savez-vous ce qu'i' m'a dit, le jour où je l'ai insulté sur la chaise où vous êtes-là, et où je lui ai crié dans la figure : « Michot, c'est vous qui êtes l'assassin! Vous êtes un voleur! Vous êtes un scélérat! » Savez-vous ce qu'i' m'a répondu?

— Non.

— Eh ben ! i' m'a répondu : « J' n'ai pas à me plaindre... J' suis traité de voleur, mais c'est par un honnête homme. » Et savez-vous ce qu'il a fait le soir ?...

— Non...

— I' m'a payé *un* absinthe !

VODABLE

Charretier et amant d'une balayeuse, Vodable arrive un matin chez elle, à l'heure où elle s'absentait d'habitude pour son service, et ne trouve à la maison que la petite fille de sa maîtresse, la petite Alexandrine, une fillette de douze ans. Il la prend, la viole, l'étrangle, la cache sous le lit, et revient ensuite coucher avec la mère dans le lit même sous lequel le petit cadavre était caché.

Quel peut bien être ce Vodable?

C'est un tout petit homme, à figure d'avorton épileptique, maigre, les joues creuses, le teint blême et plombé, le crâne proéminent, et qui a, là dedans, pour toute physionomie, deux yeux clairs et un petit nez rond. Il a mis, pour la Cour d'assises, une grande redingote de cérémonie, et il a, dans cette redingote, des poses et des dandinements cyniques.

— Vodable, lui dit le président, les renseignements sur vous sont mauvais. Ils vous représentent comme paresseux et débauché... Vous avez déjà été condamné à un an de prison pour avoir donné un coup de couteau à une femme avec laquelle vous viviez.

On aurait pu croire, à sa petite taille et à sa figure souffreteuse, que l'avorton répondrait avec une certaine timidité, mais il se met, au contraire, à faire de grands gestes, à brandir son poing, à frapper sur le banc, à déhancher son petit corps d'astèque dans sa redingote des dimanches, à crier comme s'il s'agissait de faire marcher ses chevaux :

— De quoi? de quoi?... J'suis un ouvrier!... un travailleur!... C'est la femme Malfilâtre qu'est une débauchée et une paresseuse... Et c'est bien de sa faute si j'ai tué sa fille!... C'est une vache!...

Le président l'invite alors à raconter le crime tel qu'il s'est passé, et Vodable détaille la scène sans aucune espèce d'émotion.

— J'étais monté dans la maison pour voir

mon ancienne maîtresse; j'avais une clef, j'ai ouvert, mais je n'ai rencontré que la petite... Elle rangeait ses livres pour aller à l'école... Je vous dirai seulement que j'étais jaloux, et je lui ai dit comme ça que je voulais savoir les amants qui venaient chez sa mère. — Je ne dirai rien, qu'elle m'a dit. — Tu ne diras rien? — Non! — Attends! que je lui ai répondu, si tu ne veux rien dire, je te serre le cou... Tu ne veux rien dire? — Non!... — Tu ne veux rien dire? — Non!... Alors, je lui ai sauté dessus, et je lui ai tortillé le cou dans une ficelle... Ça a été fait tout de suite; elle n'a pas même eu le temps de crier... Seulement, comme elle remuait encore un petit peu, je l'ai poussée sous le lit avec un bâton, j'ai rangé ses livres dans leur carton, et j'ai remis le carton à sa place... On voyait ses bas sous le lit, j'ai jeté dessus un chiffon noir, et puis je suis redescendu pour chercher la Malfilâtre...

Sans honte, sans gêne, l'assassin donne des détails, et proteste seulement, avec de grands coups de poing, qu'il n'a pas violé la petite. Il l'a tuée, c'est entendu, l'a étranglée avec une corde de fouet, l'a poussée sous le lit avec le manche, mais ne l'a pas autrement touchée...

Et le petit homme se rassied, si petit qu'on l'aperçoit à peine, et que le banc lui vient au menton.

Il a déjà l'air d'être guillotiné !

* *
*

Vodable est donc tout petit, mais sa Malfilâtre est encore plus petite que lui. C'est un bout de femme comme il est un bout d'homme. Et impossible, d'ailleurs, de lui mettre un âge sur le visage. Elle a peut-être trente ans comme elle en a peut-être soixante, et sa figure, à elle aussi, avec ses pauvres joues maigres, flétries, plissées, ses pauvres yeux fuyants, effarouchés, donne pitié. Toute en noir, plate, presque sans corps, elle marche comme une cane, les jambes écartées, et boitant des deux hanches. Elle a l'air d'un de ces petits spectres de femmes à physionomies mouillées, qui restent des journées entières à pleurer dans des coins d'église. Et cette petite femme-là roule d'amants en amants, s'ivrogne chez les mastroquets, se brûle le corps par tous les bouts.

— Le soir, raconte-t-elle aussi sans aucune émotion, il m'a aidée à la chercher. « Tiens! qu'il a dit à un moment que nous étions à la fenêtre et que je regardais si je ne la verrais pas dans la rue, est-ce que ce ne serait pas elle, la petite, qui vient par là?... Mais si! je crois bien que c'est elle!... C'est Cendrine. — Mais non! que je lui ai dit. — Mais si! qu'il me répondait. » Mais ce n'était pas elle!... Enfin, nous sommes descendus... Nous allions chez les marchands de vin, nous demandions si on l'avait vue, et il y en a même un chez qui il a dit comme ça : « Dites donc, vous ne savez pas? Nous avons perdu notre enfant... Si je savais celui qui lui a fait du mal, je lui ouvrirais le ventre avec mon couteau. »

Elle arrive ainsi au moment où, en nettoyant la chambre, elle a aperçu les jambes de la petite et se met alors à mimer la scène. Elle s'agenouille au pied de la barre, fait semblant de chercher sous un lit, regarde, et frappe tout à coup dans ses mains, comme si elle découvrait encore vraiment le cadavre!

PERRIER

La foule fétide des bagnes et des prisons s'écoule chaque année dans l'égout pénitentiaire, sans qu'on s'en inquiète beaucoup, et personne, bien certainement, n'aurait jamais songé à y remarquer le petit vieux qui est là, s'il n'avait pas été soupçonné d'un crime particulièrement horrible. Mais une effrayante accusation, une accusation comme celle qui pesait sur Vodable, a pesé, et pèse encore sur lui : le viol et l'assassinat d'une petite fille mise dans un sac et jetée dans le canal de l'Ourcq. Est-ce bien lui? Est-ce bien ce petit vieillard qui a pu emmener un jour la petite Alice Neut, la violer, la tuer ensuite, et la faire disparaître dans le canal? Ce n'est pas ce que se demande aujourd'hui la Justice, car il n'est traduit devant le jury que pour un détournement de fonds, mais c'est la question que tout le monde se pose et la préoccupation avec laquelle on le regarde. Il ne comparaît que pour un abus de confiance, mais on ne peut pas ne pas revoir, en le voyant, et sans qu'on sache s'il faut l'accuser ou non, tout un abominable drame.

*
* *

Perrier a la figure d'un saint, la tête chauve, la barbe blanche, beaucoup de calme et de dignité. La bouche, seulement, est sèche, le nez brusquement busqué au bout, et la pointe, aiguë et courte, en correspond assez singulièrement avec les deux extrémités de ses oreilles également pointues, qui se dressent comme des oreilles de sylvain. L'ensemble est d'ailleurs correct et bourgeois, et Perrier marche à petits pas, sur de petites jambes, laissant à peine passer, comme beaucoup de petits vieux, le bout de ses mains sous ses manches.

Il était chef du contentieux dans l'étude d'un receveur de rentes, chez un M. Prévost, et son patron n'avait pas d'employé meilleur que lui;

aussi ponctuel, aussi sûr, d'une probité aussi méticuleuse. On avait voulu, à certaines époques, lui donner des gratifications, mais il ne les acceptait pas.

— Non, disait-il, je ne fais que mon devoir.

M. Prévost, une autre fois, voulut augmenter ses appointements, mais Perrier refusa encore.

— Non, lui dit-il avec scrupule, non, non, je ne suis pas assez content de moi...

Quand on l'envoyait toucher de l'argent dans les maisons de banque, il aurait pu y aller seul, mais préférait qu'on l'accompagnât, et disait d'un air dévot :

— Je ne veux pas être tenté...

Quant à la discipline intérieure de l'étude, il s'y montrait d'une sévérité terrible. On ne pouvait pas risquer devant lui le moindre mot un peu leste. Il ne tolérait pas les plaisanteries, poussait la pudeur jusqu'à la pudibonderie, et menait ainsi la maison, ayant toujours l'œil à tout, inflexible, allant et venant de son petit pas silencieux dans les bureaux, avec sa figure de saint d'image, quand M. Prévost céda l'étude à son fils, et lorsque le fils, en entrant en fonction, pria Perrier de lui rendre certains comptes... Perrier n'objecta rien, s'inclina, promit les comptes, mais ne reparut pas le lendemain. Il volait, et on ne le revit plus jamais.

C'était un « austère ».

※
※ ※

Or, la veille même du jour où il était venu pour la dernière fois à l'étude, on retrouvait dans le canal de l'Ourcq le cadavre de la petite Alice. La police commençait naturellement une enquête, finissait par trouver Perrier caché sous un faux nom dans un garni du passage Corbeau, fouillait sa vie, son passé, et tout un Perrier nouveau se découvrait alors, un Perrier extraordinaire, inattendu.

L'employé modèle, qui refusait les augmentations de traitement, avait été condamné, quinze ans auparavant, à deux ans de prison pour abus de confiance, et le chef de contentieux qui n'admettait pas dans l'étude les grivoiseries les plus innocentes, menait l'existence la plus excentrique. Aussitôt sorti de son bureau, dès qu'il avait laissé là le grattoir et la sandaraque, le petit vieux à figure de saint mettait une longue blouse blanche, une casquette, et courait les plus infâmes mastroquets, découchant, et passant les nuits dans les garnis. Puis, le matin, il reprenait son air digne, ses fonctions et ses habits de chef de contentieux, pour revenir, le soir, à sa blouse blanche et à sa casquette. Et, le plus singulier, c'est que, même dans sa vie de crapule, il gardait encore quelque chose de l'homme contrit et modeste qui n'était pas content de lui. Il vivait avec une dame Louis, et disait chez les marchands de vin, en parlant d'elle et de lui-même :

— Je ne suis qu'un provincial, et elle est une Parisienne.

Le petit vieux est condamné à cinq ans de prison... Mais l'intérêt est ailleurs ! Est-il, ou n'est-il pas l'assassin de la petite Alice ?

A force de fouiller dans sa vie, on a fini par savoir qu'il avait voulu, un jour, emmener une petite fille de trois ans qu'il avait rencontrée sur le boulevard du Temple. Il l'avait déjà appelée, et s'en allait en la tenant par la main, quand un petit garçon avait prévenu la mère...

— De quoi t'es-tu donc mêlé hier? avait-il dit alors avec colère le lendemain au petit garçon.

Et il lui avait cassé une dent...

LE PANAMA

EN CORRECTIONNELLE

---

10 janvier 1893.

Ce qui s'ouvre aujourd'hui, devant la cour d'appel siégeant au correctionnel, ce n'est pas un procès, mais le premier acte d'un monstrueux drame politique et social. Le Panama n'a pas été, dans l'ordinaire acception du mot, une escroquerie, mais une immense et tragique mystification. Et comment cette colossale et abominable farce a-t-elle pu avoir pour auteurs les plus grands banquiers, les plus grands ingénieurs, les plus grands personnages du temps? Comment y voit-on des ministres, des députés, tout un Gouvernement et tout un Parlement? Comment les élus et les chefs d'une démocratie ont-ils pu creuser ce gouffre de ruine et de mort où est venu sauter tête baissée, comme un troupeau de moutons, tout un malheureux peuple bêlant? C'est précisément là qu'est le drame, et ce que nous expliqueront sans doute les audiences.

* * *

Il devrait y avoir cinq prévenus, mais quatre seulement sont là. Le principal d'entre eux, le « Grand Français », n'est pas venu à cause de son âge. Un certificat de médecin le déclare hors d'état de paraître, et tombé dans la plus complète enfance. Il y a quelque temps, malgré ses quatre-vingts ans, il était encore de mode de lui faire une réputation de jeune homme, mais il ne quitte plus maintenant son fauteuil roulant. La tête dans une calotte à gland, les jambes sous une couverture, il s'éteint lentement dans le coma, au fond de ses bois de la Chesnaye. Le président prend acte de son absence, constate son état de santé dans un silence religieux, décide qu'il sera jugé comme s'il était présent, et procède à l'interrogatoire de M. de Lesseps fils.

— Voyons, lui dit-il avec ménagement et presque avec sympathie, vous savez ce que vous reproche l'accusation... Eh bien, avant d'arriver aux faits de 1888, c'est-à-dire à l'émission des valeurs à lots, voulez-vous d'abord remonter plus haut, et nous raconter dans quelles circonstances une première société, qui avait déjà l'idée d'un canal, était venue la soumettre à monsieur votre père ?

Le premier président Périvier, par sa figure, sa voix, ses façons, ses mots, et certaines de ses plaisanteries, fait un peu penser à un marchand de vin. On s'attend à le voir s'essuyer la bouche d'un revers de main. Mais le marchand de vin, pour le moment, paraît avoir dans l'inculpé un client qui lui plait, auquel il est disposé à faire crédit. Il l'appelle même quelquefois : *Monsieur Charles* tout court, se dépêche ensuite de se reprendre, et ajoute vite : *de Lesseps,* mais le premier mouvement y est, et *Monsieur Charles* part du cœur.

L'inculpé, lui, *Monsieur Charles,* est très correct, boutonné dans une redingote à revers de soie, et parle d'une voix de salon, avec des gestes sobres, son chapeau à la main, et une nuance d'impertinence.

— Mon Dieu ! monsieur l'avocat général,

répond-il à une interruption du ministère public, je ne peux pas vous dire grand'chose, car voilà six mois que je n'ai pas vu mon dossier... J'étais sur le point de le lire quand on est venu m'arrêter...

Et il rit d'un air dégagé.

Est-il, d'ailleurs, bien exact qu'il soit arrêté depuis six mois ? Il ne l'est, en réalité, que depuis cinq semaines, mais « M. le Premier » ne relève pas l'exagération, et se borne à écouter d'un air indifférent. Tantôt il se penche avec bonhomie, tantôt s'enfonce confortablement dans son siège, et continue, de loin en loin, à émailler l'interrogatoire d'un : *Monsieur Charles* cordial, suivi d'un : *de Lesseps* un peu tardif...

Se produirait-il un revirement dans les dispositions du président, et le prévenu lui déplairait-il tout à coup ?... On pourrait le croire au moment où il est question du traité Couvreux et Hersent.

— Qu'a déclaré exactement votre père ? lui demande-t-il alors avec un brusque coup de boutoir. N'a-t-il pas déclaré qu'il y avait un forfait?

— Oui, et il y en avait un.

— Et qu'entendez-vous par un forfait?

M. de Lesseps est un peu déconcerté par ce changement de ton, et M. le Premier continue d'une voix de plus en plus sévère :

— Eh bien, monsieur, dans le but d'entraîner l'actionnaire, votre père a annoncé solennellement, à grand fracas de réclame, qu'il y avait un traité ferme avec MM. Couvreux et Hersent... Or, le voici, je l'ai là, ce traité Couvreux et Hersent, et il n'est pas ferme. Votre père a donc annoncé ce qui n'était pas la vérité...

Et la voix grossit, prend des intonations bourrues et grasses, pendant que l'inculpé, tout interloqué, se tourne vers son avocat, Me Barboux, et tandis que celui-ci, un petit vieillard tout blanc, pointu et nerveux, intervient vivement. D'une petite voix de tête étranglée, Me Barboux lance une explication qui raccommode tout, et M. le Premier redevient bonhomme.

— Monsieur Charles... de Lesseps, déclare-t-il en se radoucissant et en faisant la paix avec son prévenu à propos d'un tripotage sur les actions de la Compagnie, je ne vois absolument rien ici dans le dossier qui vous accuse; vous avez payé le prix intégral, c'est prouvé, et il n'y a rien, je le répète, rien absolument contre vous, absolument rien, et je suis trop heureux de le constater...

Mais la voix, cinq minutes plus tard, se regonfle tout à coup de sévérité, à propos des rapports Rousseau et Jacquet; elle en arrive même à tonner, s'indigne, et lance des admonestations comme celle-ci :

— M. Rousseau déclarait qu'il fallait au moins un milliard, peut-être même deux, et pour faire seulement un canal à écluses!... Et vous, vous cachiez ce chiffre, vous parliez toujours de six cents millions, et d'un canal à niveau!... Et, quant à M. Jacquet, il estimait qu'il fallait dix ans, et davantage, pour terminer les travaux, et vous annonciez toujours, vous, l'achèvement du canal et la réunion des deux mers pour 1889!... Eh bien, monsieur, il faut vous expliquer!... Allons, j'aime qu'on parle clair quand on veut vider les poches...

Mais la petite tête blanche de Me Barboux se redresse au banc des avocats, sa petite voix de coq étranglé se refait entendre, et tout se raccommode encore...

— Monsieur Charles... de Lesseps, reprend affablement M. le Premier, est-ce que vous vous sentez fatigué ?

— Un peu, monsieur le président.

— Nous allons suspendre un moment.

*
* *

On reprend à trois heures, et les mêmes sautes d'humeur se reproduisent, en se multipliant de plus en plus, dans les questions du président. Tantôt il rudoie l'inculpé, tantôt il le caresse, tantôt il l'admoneste, et, chaque fois que le ton se gâte ou que les questions redeviennent dangereuses, chaque fois on voit se redresser la petite tête de Me Barboux.

— Sans doute, convient le président avec bonhomie en entendant M. de Lesseps excuser les commissions extraordinaires et les pots-de-vin de toutes sortes payés par la Compagnie au moment de l'émission des valeurs à lots, sans doute, sans doute, oui, nous savons bien, vous avez dû céder à une véritable tyrannie...

Puis, il fronce le sourcil, et lui demande tout à coup avec une rudesse goguenarde qui fait circuler des rires dans la salle :

— Mais qu'est-ce que venait donc faire chez vous un certain M. Hugo Oberndœrfer?

Immédiatement, M⁰ Barboux recommence à s'agiter, pendant que son client essaye des explications confuses. De la commission extraordinaire payée à M. Hugo Oberndœrfer, le président passe ensuite à d'autres, l'une remise au baron de Reinach, l'autre au docteur Cornélius Herz, et l'attention de la salle, à ce moment-là, redouble, comme si on sentait venir on ne sait quel incident. Puis, à une nouvelle question du président, toujours à propos de pots-de-vin, l'avocat général se lève, et déclare avec émotion que la réponse du prévenu risque ici de compromettre l'accusé d'une autre affaire. Alors, c'est une mêlée d'avis, d'interruptions, de répliques, d'apostrophes, entre les avocats, le président, l'avocat général. L'avocat général dégage sa responsabilité, le président opine que le prévenu doit parler, M⁰ Barboux demande que les juges prennent secrètement connaissance de l'instruction, le président riposte que la publicité des débats est obligatoire, et le prévenu, très ému, finit par faire le récit suivant :

— Lorsque nous avons sollicité du Gouvernement l'autorisation d'émettre des valeurs à lots, M. Baïhaut, qui était ministre, est venu nous trouver, et nous a demandé un million. Nous avons discuté, nous nous sommes mis d'accord à trois cent soixante-quinze mille francs, et la somme lui a été versée...

— Alors, insiste le président, vous avez donné la somme?

— Oui, comme on donne sa montre au coin d'un bois!

— On appelle les gendarmes, monsieur, dans ce cas-là, réplique avec sévérité le président.

— On ne peut guère, justement, riposte M. de Lesseps, appeler les gendarmes dans un bois!

— Et vos amis, ceux qui sont là à côté de vous, continue le président toujours sévère, connaissaient-ils l'emploi que vous faisiez de l'argent?

— Mes amis, monsieur le président, n'ont agi en tout que par affection pour moi.

— Mais enfin savaient-ils ce qui se passait?

— Ils me suivaient, et moi je suivais mon père...

11 janvier.

M. Marius Fontane a-t-il les palmes académiques? On les lui doit, s'il ne les a pas encore. C'est un petit monsieur tout blanc, comme M⁰ Barboux, à physionomie de bibliothécaire malicieux, et qui semble toujours avoir quelque chose de fin à dire à l'oreille de ses voisins. Il ne cesse pas de sourire avec satisfaction, doucement heureux de lui-même dans sa grande redingote, et se prend, d'un air modeste, pour un homme de génie. Et n'allez pas le traiter en petit monsieur, n'allez pas prendre ce petit homme pour un petit homme! Il deviendrait terrible, et se dresserait sur des échasses à enjamber un canal.

On peut imaginer le dialogue de ce trotte-menu et du gros homme tout rond qu'est M. le Premier.

— Monsieur Marius Fontane, quelles étaient exactement vos fonctions dans la maison?

— Mon Dieu! monsieur le premier président, *si je suis quelque chose,* on ne peut cependant pas dire que j'aie occupé une situation bien définie dans la Compagnie.

— Alors, qu'est-ce que vous faisiez dans l'affaire?

— Comment, ce que j'y faisais?

— Mais oui, qu'est-ce que vous étiez?... Secrétaire?... Comptable?... Écrivain?... Quoi?

— Comment, quoi?

Et M. Marius Fontane, horriblement blessé de la question, répond d'une voix vibrante :

— Monsieur le président, j'étais, en réalité, comme un secrétaire général, sans l'être positivement... Mais ce que j'étais surtout, ce que j'ai toujours été, et ce que je serai toujours, ma mission, ma raison d'être... J'étais le partisan de M. Ferdinand de Lesseps!

— Avez-vous lu certains traités?...

— Je n'ai jamais lu un traité de ma vie!

— Alors, encore une fois, à quoi étiez-vous bon, et qu'est-ce que vous faisiez?...

M. Marius Fontane en a presque un hoquet d'indignation, fait un haut-le-corps, se ressaisit, puis reprend avec une dignité scandalisée :

— Monsieur le président, voici comment les choses se passaient. Quand une idée se présentait, quand une affaire était proposée, M. Ferdinand de Lesseps, ce grand homme, ce grand

cœur, ce grand esprit, me faisait appeler, *et
me demandait mon avis...* Alors, je le lui donnais,
et *je lui en donnais même plusieurs.*

— Vous avez donc été, insinue le président,
le principal confident de M. de Lesseps? Quand
il prenait un avis, c'était le vôtre ; quand il parlait, c'était vous, et quand il écrivait, c'était
peut-être même encore vous !

Mais le Fontane finassier évente ici la question, et répare l'imprudence du Fontane héroïque.

— Pas du tout, proteste-t-il, pas du tout !

— Vous étiez, en ce cas, un instrument passif?

— Jamais !

Et il se lance dans un prêche financier, lève
les bras, se secoue, fait trembler sa voix, prophétise, parle « d'angoisses », de « choses horribles », et s'écrie dans un transport religieux :

— Je défie qu'on me cite une affaire sans
publicité !

Le président commence alors à s'agacer,
bouscule le prévenu qui en reste tout abasourdi,
puis l'avocat général se met aussi de la partie,
et le pauvre M. Fontane, attaqué, houspillé de
tous les côtés, perd décidément la tête, lorsque

son avocat, M⁶ du Buit, arrive enfin à son secours.

— Monsieur l'avocat général, dit-il en dégageant son client, M. Fontane est au secret depuis un mois, aucun papier ne peut lui être communiqué, les pièces mêmes qui l'intéressent ne peuvent pas lui être remises; il est dans l'impossibilité de répondre à des questions de chiffres.

— Je crois que vous faites erreur, maître du Buit, répond l'avocat général.

— Je ne le crois pas, monsieur l'avocat général... Et nous pouvons à peine communiquer nous-mêmes avec nos clients!... Nous ne pouvons même pas connaître l'affaire dans ces conditions.

— Mais non, appuie la petite voix aigrelette de M⁶ Barboux, nous ne pouvons pas la connaître... Comment voulez-vous que nous la connaissions?

— Et nous, messieurs, dit jovialement le président, qui paraît avoir besoin de se donner de l'air et comme de se mettre en manches de chemise, nous ne la connaissons certainement pas davantage... Allons, reprend-il, ces petites querelles ne font pas de mal... Tous ces petits incidents, ça repose.

*
* *

L'interrogatoire de M. Cottu est le plus court. Il était préposé au personnel, et n'a fait que signer des bons au porteur en l'absence de Charles de Lesseps et de Marius Fontane. Son avocat, M⁰ Martini, se lève aussi pour soutenir son client, et nous arrivons à M. Eiffel. Mais est-ce bien là l'homme de la Tour? Il flageolle, il titube, il bégaye, il étrangle, et toute sa figure n'est plus qu'une boursouflure balbutiante et apeurée, entre la pointe vague d'une barbe grise et la huppe d'argent de la chevelure. Ce n'est pas un accusé, c'est un condamné à mort, et c'est lui cependant qui, tout en étranglant, fait les réponses les plus abasourdissantes. Tremblant, se soutenant d'une main sur le dos d'une chaise, se passant la langue sur les lèvres comme pour se décoller les paroles de la bouche, les yeux fermés comme pour ne pas voir, il donne d'insondables explications, il accumule les monstruosités.

— Avez-vous, oui ou non, lui demande le

président, touché douze millions pour la fourniture du matériel nécessaire à quatre écluses, trois millions pour chaque écluse ?

— Oui.

— Avez-vous fourni le matériel?

— Non.

— Et considérez-vous que, malgré cela, ces douze millions doivent vous être acquis?

— Mais oui.

— Très bien!... Et pour la construction même des écluses, n'avez-vous pas encore touché douze millions?

— Oui.

— Avez-vous construit les écluses?

— Non.

— Et considérez-vous encore que ces douze millions doivent encore vous rester entre les mains?

— Mais oui.

— Et n'avez-vous même pas, avec tout cela, touché trois millions pour le démontage, le transport et le remontage de chaque matériel après la construction de chaque écluse?

— Oui.

— De sorte que vous avez été payé pour avoir

démonté, transporté et remonté des matériels qui n'ont jamais existé, à la suite de constructions d'écluses qui n'ont jamais été construites?

— Oui.

— Eh bien, considérez-vous toujours que ces trois millions-là doivent aussi vous appartenir?

— Mais oui...

Et il bégaye des explications, balbutie, s'embrouille, puis, d'une voix subitement nette, il conclut en déclarant qu'on lui redoit encore huit millions, *qui ne lui ont jamais été payés*, et QUE LE PANAMA LE RUINE !

12 janvier.

Midi et demi... La Cour entre, le président avec sa toque de travers, et l'audition des témoins commence.

La veille, à la fin de l'audience, on avait déjà entendu l'expert Flory, et nous rouvrons aujourd'hui avec l'expert Rossignol.

Sanglé dans sa redingote, avec une barbe soignée, le geste persuasif et choisi, l'expert Rossignol est l'expert « distingué », le « Febvre » des experts, un expert pour la Comédie-Française. Il nasille, il jargonne, appelle le président

« Monsieur le Premier », et parle en général assez bas, mais se montre, si peu qu'on l'entende, chaud partisan de la Compagnie, et s'enhardit même tellement dans sa sympathie, que « M. le Premier » l'arrête brutalement.

— Monsieur Rossignol, lui dit-il, ne sortez donc pas de votre rôle... Non seulement vous déposez dans un sens favorable à ces messieurs, mais vous argumentez même pour les défendre... Allons, monsieur Rossignol, tenez, allez vous asseoir, allez-vous-en vous asseoir !

Autre expert : M. Monchicourt... Mais celui-là vous fait penser à l'expert de table d'hôte. La figure large et joviale, l'air guerrier, la barbe en fer à cheval, on le voyait, avant l'audience, se promener dans les couloirs avec son chapeau à la Ratapoil et son pantalon à la hussarde. M. Monchicourt est encore un ami de la Compagnie, mais un ami adroit, qui sait donner à sa partialité une couleur d'indépendance.

— On était certain, lui fait remarquer le président, de ne pas pouvoir terminer les travaux avec six cents millions, et l'on affirmait, en même temps, qu'on les achèverait avec cette somme! On annonçait donc exactement le contraire de ce qu'on savait être la vérité! Qu'est-ce que vous dites de ça, voyons, monsieur Monchicourt?

Mais M. Monchicourt ne répond que très vaguement :

— Mon Dieu, monsieur le président, je ne sais pas trop...

— Et l'on annonçait en outre, continue le président, la fin des travaux pour 1889, quand on savait pertinemment qu'elle ne pouvait pas avoir lieu avant une quinzaine d'années, en supposant même qu'elle pût jamais avoir lieu!... Qu'est-ce que vous pensez de ça, voyons, monsieur Monchicourt?

Mais M. Monchicourt répond toujours très vaguement, et marmotte quelque chose où l'on croit l'entendre déclarer qu'il ne faut pas toujours dire toute la vérité.

— Comment, bondit le président, vous dites qu'il ne faut pas dire la vérité?

— Oh! se récrie M. Monchicourt, pardon, monsieur le président, pardon, j'ai dit qu'on devrait la dire!

Et il raconte, sur le baron de Reinach, une anecdote sans danger pour les inculpés. « Mais, monsieur le baron, lui disait-il un jour, qu'est-ce que vous pouvez donc bien faire de tous ces millions que vous touchez? » Et le baron lui répondait : « Voyons, monsieur Monchicourt, vous le demandez?... Vous êtes un naïf! »

On sait le rôle important joué par M. Rousseau. Avant d'autoriser l'émission des valeurs à lots, le gouvernement l'avait envoyé à Panama comme ingénieur de l'État, et chargé d'un rapport sur l'entreprise. Il tire des papiers de sa poche, les étale devant lui, et se prépare à les consulter, mais le président lui rappelle qu'un témoin n'a pas le droit d'apporter des documents.

— Vous ne pouvez pas lire, lui dit-il, *mais vous pouvez vous aider de l'œil!*

M. Rousseau, alors, remet ses papiers dans sa poche, et, *sans s'aider de l'œil:*

— Mon rapport, déclare-t-il, a été rédigé *avec une grande prudence, et dans de mauvaises conditions pour me rendre un compte exact des choses.* C'était à un moment où la Compagnie donnait à l'affaire une nouvelle impulsion. Elle semblait vouloir tout reprendre sur de nouveaux plans, il y avait un grand mouvement d'élan et d'espoir, et le directeur des travaux m'inspirait beaucoup de confiance personnelle. Néanmoins, et malgré tout cela, l'entreprise m'apparut *avec des difficultés presque insurmontables*. Il y avait des endroits, à la Culebra, où il fallait creuser *des tranchées de cent dix mètres de profondeur, et jamais on n'en a essayé de pareilles*... Je suis revenu, j'ai remis mon rapport, puis le directeur des travaux est mort. Il était la seule cause de ma confiance, non pas même dans l'œuvre telle qu'elle était projetée, mais dans toute œuvre quelconque à accomplir dans l'isthme; il n'était plus là, et je me suis, dès cet instant, désintéressé de l'affaire.

— N'avez-vous pas été surpris de la voir continuer comme on la continuait?

— Je ne m'en occupais plus, répond M. Rousseau, *car tout cela m'attristait*... Seulement, reprend-il en s'animant, je dois déclarer une chose, tout en désirant beaucoup ne pas aggraver la situation de l'un des prévenus, c'est que M. Ferdinand de Lesseps, qui n'est pas ici, doit être considéré comme le principal auteur de l'insuccès. Il a exercé l'influence la plus néfaste au point de vue technique. Il a été le grand obstacle à tout ce qu'on aurait pu tenter de raisonnable. Il voulait, à toute force, un nouveau canal, et non pas un nouveau canal quelconque, mais un nouveau canal comme à Suez; tout ce qui n'était pas comme à Suez lui déplaisait, et tout ce qui n'était pas comme à Suez était repoussé! Il s'agissait de lui procurer, selon sa propre expression, « une nouvelle victoire » toujours comme à Suez, et tout a été perdu pour avoir voulu lui en donner la satisfaction! S'il n'avait pas été là, *je ne dis pas que l'œuvre aurait été sauvée,* mais on aurait au moins pu l'engager dans des conditions moins déplorables.

... Comment, et de quelle façon exacte les prévenus sont-ils maltraités par la police, séquestrés, arrachés à leurs amis, et privés de toute communication avec le dehors? Les avocats dénoncent la barbarie avec laquelle on traite leurs clients. Les avocats ont-ils raison?

A chaque suspension d'audience, tout le monde se répand dans les couloirs, et les prévenus comme tout le monde. Ils causent avec qui bon leur semble, vont où ils veulent, comme ils le veulent, se mêlent au public, et reçoivent en toute liberté les poignées de main de ces amis, parents et connaissances dont, à en croire les avocats, ils sont intraitablement séparés.

Comment donc, s'ils sont victimes des rigueurs indignes dont on nous parle, peuvent-ils se promener et causer comme ils le font? Et comment M⁰ Barboux et M⁰ du Buit, d'autre part, peuvent-ils déclarer, avec tant d'indignation, que leurs clients sont victimes de toutes les rigueurs?

L'audience reprend, et un vieil Anglais, M. Stockes, grand, raide, avec des moustaches blanches, une figure de braise, et un splendide paletot bleu, arrive correctement à la barre, prête correctement serment, et dépose avec correction.

— Depuis dix-sept ans, je connais M. Charles de Lesseps comme un homme *loal* et honnête *sous toutes les rapportes...* Je le connais comme honnête et *loal* homme depuis *toutes ces dix-sept ans.*

Puis, toujours raide, dans son splendide paletot bleu, M. Stockes retourne s'asseoir, toujours correctement, et l'huissier introduit le fameux Dingler, le Dingler dont Drumont nous a donné ce portrait :

« Il y eut, à Panama, quelques types curieux, comme ce Dingler, directeur général des travaux, qui a une sorte de relief tragique... Cet homme, qui semble avoir été assez fortement trempé, mais qui était étranger à tout sentiment d'humanité et de justice, avait excité tant de haines, que la mort de sa femme fut l'occasion d'une véritable fête. Le champagne coula à flots dans l'isthme, et le malheureux put entendre les cris d'allégresse de tous ces esclaves qui se réjouissaient de la douleur du maître.

« Dingler supporta tous ces coups sans laisser voir ses larmes, avec une sorte de désespoir farouche et comme un âpre désir de se venger, fût-ce sur des créatures irresponsables.

« Mme Dingler se servait habituellement pour ses promenades de deux chevaux magnifiques qui valaient vingt-cinq mille francs la paire, et qui avaient été offerts au directeur général par M. Gadpaille, de la Jamaïque, comme épingles d'un marché pour l'importation des nègres.

« Le directeur ne voulut pas que ces bêtes, qui avaient eu l'honneur de traîner sa femme, pussent servir à d'autres ; il ordonna de les tuer.

« L'homme chargé d'assassiner ces animaux superbes n'osa pas ; il les emmena et les cacha.

« A quelques jours de là, un employé vint raconter la chose à Dingler et lui dire : « Vos « chevaux ne sont pas morts. »

« Dingler envoya l'employé avec la mission spéciale d'égorger lui-même les deux chevaux.

« Les chevaux éventrés à coups de couteau se débattaient encore dans la fosse où on les avait jetés, et emplissaient la campagne de leurs hennissements d'agonie.

« Pour l'exécution de ces chevaux, Dingler *signa un bon de tâche de trente-trois mètres cubes à une piastre cinquante le mètre cube...* »

Court, trapu, chauve avec deux yeux durs

sous un lorgnon, Dingler dépose militairement, sans émotion, d'un air d'ennui, d'un ton de monotonie tranchante, et sa déposition, d'ailleurs, ne dit rien ou presque rien.

*
* *

— Huissier, amenez M. Gilly...

C'est la continuation du défilé, et l'on voit entrer un vieillard aveugle, courbé en deux, qui marche au bras d'un jeune homme. M. Gilly est un actionnaire ruiné qui arrive de Nîmes...

Pourquoi, à ce moment-là, tout le monde se met-il à rire? Pourquoi les avocats se déridentils sous leurs toques? Pourquoi le président Périvier s'égaye-t-il d'une joie de plus en plus large à mesure que M. Gilly s'avance au bras de son guide?... Est-on fatigué de ces témoignages où il est toujours question de dragues, de tranchées et de mètres cubes? S'amuse-t-on du côté par trop naïvement mélodramatique de ce vieillard ruiné appuyé sur ce jeune homme et venant, dans un prétoire, demander compte à ses voleurs? Est-ce quelque chose de tout cela? Est-ce tout cela à la fois... On ne sait pas, mais ce qu'on voit bien, c'est que le malheureux M. Gilly, au lieu d'émouvoir, produit un violent effet comique.

— Vous êtes aveugle? lui dit le président en criant comme pour un sourd.

— Oui, répond le vieillard.

Et la salle s'esclaffe.

— Et ce jeune homme, c'est votre fils?

— Oui.

Et la salle se roule.

— Et vous arrivez de Nîmes?

— Oui...

La salle se tord convulsivement.

— Eh bien! monsieur Gilly, continue gaiement le président, tâchez de déposer vite, pour ne pas manquer votre train.

La salle, alors, tombe littéralement sous les banquettes.

— Allons, monsieur Gilly, poursuit le président toujours joyeux, allons, racontez-nous votre histoire...

Et le vieil aveugle commence... Il a souscrit à la suite d'une conférence de M. Charles de Lesseps, et il n'avait plus, le lendemain, que de mauvais papiers dans les mains... Il a écrit à

M. Cottu, mais M. Cottu ne lui a rien rendu... Et Ferdinand de Lesseps, cependant, le « Grand Français » lui-même, à la suite de cette conférence, s'était avancé sur l'estrade, avait pris la parole et crié à la foule, en tirant une fausse dépêche de sa poche : « Tenez, tenez, dépêchez-vous! Voyez, je reçois cette dépêche! On m'annonce que tout est souscrit! »

C'est navrant, mais les rires, à cette histoire, n'en reprennent que plus violemment... Enfin, M. Gilly termine, son fils est entendu à son tour, et, comme il est très ému, qu'il hésite, et qu'on ne l'entend pas :

— Allons, *Gilly*, allons, lui crie le président, parlez, *Gilly*, mais parlez-donc, *Gilly!*... Votre père est déjà aveugle, est-ce que vous allez devenir muet?

Le fou rire, alors, ne s'arrête plus; c'est un délire, une tempête, un ouragan, et l'audience est remise au lendemain.

13 janvier.

M. Fraisset, capitaine de vaisseau, a cru à l'accomplissement de l'œuvre, fait le voyage de l'isthme, et vendu ses actions au retour. Les employés mouraient en si grand nombre, avec une si foudroyante rapidité, qu'il fallait toujours en avoir des réserves pour remplacer ceux qu'on enterrait.

Comme le pauvre M. Gilly, M. Reytaud est une victime, et n'est pas mieux accueilli que lui. C'est un ancien intendant militaire, un grand vieillard maigre, décoré, les joues creuses, avec une moustache blanche de vieux Gaulois. Il arrive à la barre avec une serviette de toile cirée sous le bras, et le président lui demande tout de suite :

— Qu'est-ce que vous apportez là, monsieur Reytaud ?

— Mais des notes, monsieur le président !

— Des notes, monsieur Reytaud, ça n'est pas permis, des notes.

— Ça n'est pas permis ?

— Non.

— Alors, qu'est-ce que je fais ici ?...

Et le vieux Gaulois remballe ses papiers, rejette sa serviette de toile cirée sous son bras, et s'en va, mais le président le rappelle aimablement :

— Comment, monsieur Reytaud, voilà déjà

que vous partez?... Mais restez donc, monsieur Reytaud, restez donc!...

— Eh bien, commence alors tout interloqué le vieil intendant...

— Eh bien, quoi, monsieur Reytaud? Ah çà, voyons... Est-ce que vous allez parler?

— Mais je ne peux pas, monsieur le président!...

— Vous ne pouvez pas?... Comment, vous ne pouvez pas?... Alors, monsieur Reytaud, qu'est-ce que vous faites ici, si vous ne pouvez pas?

— Je défends les intérêts des victimes, monsieur le président!

— Nous vous en félicitons, monsieur Reytaud, nous vous en félicitons, et les victimes, surtout, doivent vous en féliciter... Mais enfin... Eh bien?... Allons, voyons !... Mais allez donc, monsieur Reytaud, allez donc!... Ah çà... Vous reprenez encore vos papiers?... Mais prenez-les si vous le voulez, vos papiers!... Prenez-les, mais ne les lisez pas! Ou lisez-les sans les lire... Aidez-vous de l'œil! Lisez sans lire!...

Le malheureux témoin, cependant, finit par extraire de sa serviette des documents et des pièces qui paraissent sérieux, l'avocat général en demande communication, le président redevient tout épanoui, et tout va bien, quand tout se gâte encore, et quand il crie tout en colère au vieil intendant qui s'enfuit tout ahuri :

— Monsieur Reytaud, pas un mot de plus! Je vous donne *l'ordre impératif* de quitter cette barre! Allez vous asseoir, monsieur Reytaud, allez-vous-en vous asseoir!

* * *

On introduit M. Hiéronymus.

Cinquante ans, blond, une figure moutonnière, avec une barbe dont les pointes s'allongent et grisonnent sous les doigts qui l'éfilent.

M. Hiéronymus est chef de comptabilité à la Compagnie de Panama, et semble fermement décidé à ne pas laisser entendre ce qu'il dit.

— Vous êtes-vous aperçu de quelque irrégularité, de quelque indélicatesse?

— Jamais!

— Vous n'avez rien appris, rien vu, rien soupçonné?

— Rien du tout!

— Mais vous saviez, pourtant, qu'il y avait des bénéficiaires anonymes ?

— Mon Dieu !...

— Et si votre comptabilité ne mentionnait pas de noms à certaines sommes versées, comment le Conseil savait-il à qui elles étaient versées?... Est-ce qu'on ne s'étonnait pas?... Est-ce que personne ne demandait d'explications ?... Est-ce que tout cela ne vous paraissait pas étrange ?

Mais on n'entend même plus le son de la réponse, et le président commence à dire :

— Plus haut, monsieur Hiéronymus, plus haut !

Mais M. Hiéronymus n'en parle que plus bas, et l'on ne saisit plus littéralement, pendant un quart d'heure, qu'un murmure imperceptible interrompu par l'interpellation impatiente du président :

— Plus haut, monsieur Hiéronymus, plus haut !

Et le caissier, M. Régnier, fait une déposition identique. Il avait de deux à trois millions chaque jour dans sa caisse, et distribuait quotidiennement des sommes à cinq et six cents personnes.

Mais à qui? Pourquoi? Il ne s'en souvient plus. On a aussi mauvaise mémoire à la caisse qu'à la comptabilité.

— Enfin, s'écrie le président, vous avez payé un jour, monsieur Régnier, un bon de cinq cent mille francs, et ce bon de cinq cent mille francs, la Justice voudrait bien savoir qui l'a touché, et pourquoi on l'a touché?... On ne touche pas comme ça cinq cent mille francs sans être quelqu'un, et on ne les remet pas non plus à ce quelqu'un sans regarder un peu qui il est... Alors, vous, monsieur Régnier, quand on vous présente un bon de cinq cent mille francs, vous versez les cinq cent mille francs sans même avoir envie de voir la figure de la personne qui les prend?... C'est bien singulier!... Moi, voyez-vous, monsieur Régnier, je serais curieux!... Voyons, vous ne vous rappelez pas?... Vous n'avez rien remarqué?... Vous n'avez pas le moindre souvenir?

— Aucun.

Et même témoignage du préposé aux bons, M. Martin de Boudart! Il n'a rien vu, rien retenu non plus!

— Vous étiez aux bons, vous, monsieur de

Boudart, on en a distribué pour quatorze cent mille francs à des anonymes, et vous ne vous en êtes pas même aperçu?

Mais on n'entend pas plus sa réponse que celle des autres. M. Hiéronymus parlait très bas, M. Régnier aussi, et M. Martin de Boudart également. C'est la série des témoins aphones, et l'on ne saisit toujours que l'admonestation du président :

— Plus haut, monsieur Martin de Boudart, plus haut !

***

Quel a bien pu être le rôle exact de M. Hugo Oberndœrfer ?

Il a touché, en chiffres ronds, quatre millions. Pourquoi? Il aurait apporté à la Compagnie une idée nouvelle, brevetée, dont il était l'inventeur exclusif, et ces quatre millions auraient été le prix de cette idée trouvée par lui. Or, cette idée nouvelle, brevetée, à laquelle il avait pensé le premier, que personne n'avait jamais soupçonnée avant lui, c'était l'idée... de *loterie ! ! !* Est-il bien admissible que la Compagnie lui ait payé quatre millions une pareille nouveauté en fait d'idées, à titre même de nouveauté? Et, si les de Lesseps n'ont pas payé quatre millions une idée de cette nouveauté, qu'ont-ils bien pu payer et rémunérer avec ces quatre millions? Quel genre d'ouvrage caché, et valant ce prix, a bien pu accomplir le mystérieux M. Hugo Oberndœrfer?

Il va peut-être nous le dire. Écoutons-le.

M. Hugo Oberndœrfer est un petit vieux à tête blanche, à nez crochu, à moustache noire, et dont le dos rond donne l'idée d'un homme retors. Quand on lui demande sa profession, il répond : *Rentier ;* quand on lui dit de lever la main pour prêter serment, il lève *un doigt*, s'acquitte ainsi des bagatelles de la barre, s'accoude ensuite en se baissant un peu sur un bras, comme s'il parlait à un guichet, et commence d'une voix sans dents où les *r* se mouillent en roulant :

— Monsieur le président, *je ne m'occupe plus d'affaires...*

— Ne vous êtes-vous pas cependant occupé, monsieur Hugo Oberndœrfer, de l'émission de 1888?

— Parfaitement.

— Et vous étiez du syndicat?

— Parfaitement.

— En général, seulement, monsieur Hugo Oberndœrfer, dans les syndicats, on court certains risques et on garantit quelque chose. Pourquoi donc votre syndicat, à vous, ne risquait-il et ne garantissait-il rien?

— Pardon, monsieur le président, pardon, répond M. Hugo Oberndœrfer en levant son doigt et en se penchant toujours comme à un guichet imaginaire, il y avait un risque de deux francs cinquante par titre!... Exceptionnellement, il est vrai, on ne l'a pas couru, mais on a failli le courir!

— Eh bien, voyons, monsieur Hugo, parlons donc un peu de votre idée de loterie... Croyez-vous sérieusement l'avoir inventée?

— Mais certainement, monsieur le président! C'est une idée à moi, et une idée nouvelle, absolument nouvelle... Et j'ai eu, monsieur le président, deux francs cinquante par titre placé; on en a placé huit cent mille, et je ne sais pas si je me fais bien comprendre...

— Oh! très bien, monsieur Hugo Oberndœrfer, très bien!... Mais la loterie, monsieur Hugo, même appliquée comme elle l'a été là, était-elle donc bien véritablement une opération aussi inconnue?

— Tout à fait inconnue, monsieur le président, absolument inconnue, et qui n'avait jamais été pratiquée nulle part!

— Les valeurs à lots n'avaient jamais été pratiquées nulle part?

— Mais non, monsieur le président, jamais, nulle part!

— Enfin, vous avez inventé la loterie?

— Mais oui, monsieur le président!

— Et c'est une idée merveilleuse?

— Mais parfaitement, monsieur le président, merveilleuse, merveilleuse!

— Et on vous l'a payée quatre millions?

— Oh! non, non, pas tout à fait... Il y a eu d'autres petites choses, il y a eu les commissions, les...

— Oui, oui, vous ne vous occupez pas d'affaires!

— Je ne m'en occupe *plus*, monsieur le président, *plus!*

— C'est que, voyez-vous, monsieur Hugo Oberndœrfer, conclut alors le président, si ce n'était pas pour votre merveilleuse idée de loterie que vous aviez reçu ces quatre millions, ce serait évidemment pour autre chose, et pourquoi ce serait-il?... Vous n'auriez pas reçu ça, par hasard, pour travailler un peu la coulisse?

— La coulisse?

— Oui, la coulisse, vous ne l'avez pas travaillée, la coulisse?

— La coulisse?... Non, non, du tout!

— Allons, je le veux bien, monsieur Hugo, je le veux bien! Et il n'y a vraiment eu que votre merveilleuse idée!... C'est bien vraiment merveilleux, en effet, merveilleux!... Et c'est vraiment grâce à vous qu'on a placé tous les titres?

— Mais oui, monsieur, mais oui!

— Eh bien, monsieur Hugo Oberndœrfer, vous avez rendu là un joli service aux souscripteurs, si c'est vous qui leur avez placé leurs titres! Vous y avez trouvé votre argent, mais le public y a perdu le sien!

— Oh! monsieur le président, répond toujours alors de sa voix mouillée et sans dents M. Hugo Oberndœrfer, oh! oh! oh! mais non, monsieur le président, mais non! C'EST PRÉCISÉMENT LE CONTRAIRE QUI EST ARRIVÉ!

17 janvier.

Sept degrés de froid, et un demi-pied de neige dans les rues... La Cour, après trois jours de repos, recommence une nouvelle série d'audiences, et l'avocat général Rau n'emtame pas sans émotion un réquisitoire destiné à rester historique.

— Messieurs, débute-t-il d'un ton presque confus, c'est avec une profonde tristesse que je prends la parole dans cette affaire, contre des hommes au passé sans tache, d'une situation élevée, et dont quelques-uns ont même contribué, par leurs travaux grandioses, à la gloire de la Patrie...

Mais ce ne sont là, chez M. Rau, que les précautions d'un homme courtois, car il reprend tout de suite, en devenant plus ferme :

— J'espérais toujours qu'ils se justifieraient, mais il n'en a rien été... J'attendais un fait m'autorisant à les absoudre, mais j'ai vainement attendu, et la prévention reste entière. Elle reste même debout avec une évidence telle, et d'une façon si complète, que je viens réclamer de vous un arrêt de flétrissure et de condamnation.

Et, toujours aussi sévère, avec la même courtoisie :

— J'aurais voulu pouvoir laisser de côté le *vieillard illustre* que son âge et son état de maladie retiennent en ce moment loin d'ici, et qu'ils ont seuls sauvé des humiliations de l'audience. Mais l'audience même ne l'a-t-elle pas montré comme le grand coupable? N'a-t-il pas causé, par l'aveuglement de son orgueil, par son obstination persistante à ne vouloir ni douter, ni laisser douter de son étoile, la ruine de milliers et de centaines de milliers de malheureux? Il lui fallait de nouveaux triomphes, une nouvelle gloire! Il prétendait rester quand même *l'homme de génie, l'égal des souverains,* et il s'est abaissé pour cela jusqu'aux derniers expédients, jusqu'aux tromperies les plus coupables, dans le but d'entraîner l'épargne. Il a poussé jusqu'au bout cette tragique aventure de Panama, où il sombre avec sa fortune et son honneur.

La voix manque de mordant, elle file avec quelque chose de mou, et les mots tombent uniformément les uns sur les autres, dans un chantonnement qui se dépêche, mais le fond même du réquisitoire est terrible. Les phrases s'embrouillent au même plan dans la diction sans repos, sans nuances, sans recul ou sans grossissement, et il faut voir, cependant, au bout de quelque temps, la gêne mal dissimulée des inculpés, car toutes les fraudes, toutes les coquineries et tous les filoutages ressortent et apparaissent, solidement établis par d'indiscutables documents. Plus on sentait l'affaire impossible, plus on s'y acharnait. Plus on avait conscience d'avoir menti, plus on mentait, et toujours, et plus audacieusement, et plus impudemment.

— Avait-on, avec MM. Couvreux et Hersent, un traité ferme ? Non. Et que disait-on ? Que répétait-on au public ? Que le traité ferme existait, qu'il était là, bien signé, bien en forme, promettant de livrer le canal à la circulation en 1888 ! Or, MM. Couvreux et Hersent n'avaient pas voulu prendre cet engagement ! M. Ferdinand de Lesseps et ses complices ont-ils donc le droit de se plaindre des exactions de toutes sortes dont ils se disent victimes de la part des pouvoirs publics, de la presse et des gens d'affaires ? Non, car s'ils soudoyaient, comme ils le faisaient, avec l'argent des autres, tant de gens en place, tant de journaux, tant d'intermédiaires, c'était précisément parce qu'ils avaient besoin qu'on mentît comme eux et avec eux ! S'ils *chantaient*, c'est qu'on pouvait les faire *chanter* ! Partis d'une première escroquerie et d'un premier mensonge, ils devaient, fatalement, dans leurs moindres actes et leurs moindres démarches, retomber perpétuellement dans le mensonge et l'escroquerie. Et quel rôle le « Grand Français » joue-t-il exactement dans l'affaire ? Il n'y joue même pas un rôle, il est toute l'affaire à lui tout seul.

On est en 1886... Le projet de loi autorisant l'émission des valeurs à lots est déposé, mais il y a des retards, des hésitations, et la Commission parlementaire demande à s'éclairer en examinant les livres de la Compagnie. Elle veut bien voter l'autorisation, mais ne veut pas la voter les yeux fermés, et M. Ferdinand de Lesseps, alors, se fâche. *On veut m'arrêter, s'écrie-t-il ; mais je marche en avant, et je ne marche pas seul ! Je marche avec trois cent cinquante mille Français dont j'ai la confiance ! Je m'adresse aux petites gens, aux petites bourses, aux économies qui sortent des bas de laine ! Nous aurons l'argent nécessaire et nous franchirons tous les obstacles !* » Et il se refuse toujours à toute explication, il persiste surtout à ne pas montrer ses livres, la dernière chose à laquelle on l'eût décidé. Il fallait bien, cependant, faire quelque chose. Mais quoi?... L'*illustre vieillard* organise un voyage à Panama, un voyage-réclame, un voyage à grand fracas, un voyage avec une troupe, un voyage à la Sarah Bernhart!... Et aux frais de qui?... Aux siens? Pas du tout! Aux frais des « petites gens », aux frais des « bas de laine »! Au retour, on est plus fortement convaincu que jamais du monstrueux et tragique ridicule de l'entreprise, mais le « Grand Français » n'en annonce que plus frénétiquement la réunion des deux mers pour 1889! Et il avait déjà mangé, retenu, dissipé, ou mis à l'ombre, en compagnie de son armée d'écumeurs, UN MILLIARD TROIS CENTS MILLIONS!!!

L'avocat général, sur ces dilapidations, donne des détails extraordinaires :

— M. Dingler revient de Panama, où il est remplacé. On lui donne cent mille francs d'indemnité, sans compter une place de trente mille francs par an comme ingénieur-conseil... Le *Bulletin* coûte trois cent mille francs par an, et sa rédaction, pourtant, ne devait pas coûter bien cher... Les traitements de multitudes d'employés, tant à Paris qu'à Panama, sont énormes. Il y a des directeurs à cent mille francs par an, des chefs à soixante-dix mille francs, des sous-chefs à quarante mille francs... A mesure qu'on avance, les frais vont en augmentant, tout grossit. Le personnel supérieur coûte deux millions et demi par an, le petit personnel cinq millions et demi... A l'époque des remplacements des petites entreprises par les grandes, un fait étrange se produit : on augmente tous les prix d'extraction, et on donne des indemnités à ceux qui sont remplacés... On passe par toutes les exigences des entrepreneurs. Pourquoi ? Parce qu'on est obligé de dissimuler certaines choses. Si on mécontentait les entrepreneurs, ils parleraient, et il ne faut pas qu'ils parlent !... En 1886, M. Slaven, entrepreneur, soulève une difficulté. On lui donne raison malgré les observations de l'ingénieur, et on lui alloue une indemnité de trois cent mille francs. Que fait M. Slaven, l'année suivante ? Il recommence à réclamer, l'ingénieur proteste avec indignation, mais on alloue encore une indemnité à M. Slaven, malgré les protestations de l'ingénieur... Quant à l'entreprise

Artigues et Cie, elle touche trente-deux millions, réalise un bénéfice de onze millions, et n'a pas même extrait trois millions de mètres cubes!.. Et avec M. Eiffel? C'est encore plus invraisemblable. Il suivait depuis longtemps cette affaire de Panama, était renseigné sur tout, savait qu'on allait à la ruine, et signe d'abord une convention avec Artigues ; il lui donne 5 pour 100 sur les fournitures métalliques, 20 pour 100 sur ses bénéfices, et accorde à MM. Hébrard et de Reinach la même commission de 5 pour 100 à chacun, dans le but d'obtenir, par leur intermédiaire, le traité avec Panama. Il a déjà promis, en somme, avant même d'avoir commencé, cinq millions quatre cent quatre-vingt-dix mille francs... *Alors, il rétrocède une partie de ses travaux à un sous-entrepreneur, écrit à M. de Reinach que cette cession a lieu sans aucun bénéfice, et qu'il n'aura pas, en conséquence, à lui payer les 5 pour 100 promis. Puis, quinze jours après, il obtient de ses sous-traitants une part de 20 pour 100 dans leurs bénéfices, en stipulant qu'il n'est pas associé aux pertes !!!*

Et voilà le baron de Reinach volé par M. Eiffel !

Le président, pendant cet exposé, écoute avec la plus grande attention, s'accoude quelquefois sur un bras de son fauteuil, ou lit les pièces du dossier visées dans le réquisitoire. Les avocats, eux, ne bougent pas, sauf Me Barboux, qui ne tient pas en place, se lève, s'assied, fait des signes à ses collègues, se penche à leur oreille, s'agite. Me du Buit, lui, est impassible, les bras croisés, enfoncé dans son banc; Me Martini se couvre le visage avec une main comme s'il entendait mieux en ne voyant pas, et Me Waldeck-Rousseau regarde devant lui avec ses yeux figés dans sa figure de porcelaine. Pas une interruption, pas une observation, pas un mot! Et voilà plus de cinq heures que l'avocat général parle. Il a commencé à midi et demi, il est nuit, mais il parle encore. On vient d'allumer les lustres, on apporte des bougies, et son débit, à la longue, finit par s'animer devant les monstruosités qu'il remue. Il frappe du poing, s'exclame, et déploie dans le prétoire le geste de sa grande manche noire en évoquant le fantastique et atroce coup d'œil de l'isthme, tous ces travaux inutiles, tous ces chantiers abandonnés. Des centaines de morts y pourrissent, et des matériels entiers, des wagons, des locomotives, y sont enterrés comme des cadavres. La végétation, aujourd'hui, a repoussé sur ces débris et sort des os enfouis là, des marais empestés de fièvre, de la terre engraissée d'hommes, et des tuyaux des machines!

18 janvier.

Le réquisitoire continue ; il est décidément très beau, et beau sans phrases, par la seule clarté et la seule force des faits.

— La tentative d'escroquerie du 22 décembre 1888, reprend l'avocat général, est le véritable corps de la prévention, et c'est une escroquerie évidente. Ce sont toujours les mêmes procédés. Éclairés par tout ce qu'ils savent, tout ce qu'ils apprennent chaque jour et tout ce qu'ils ont vu par eux-mêmes, MM. de Lesseps s'acharnent à affirmer que les ressources permettent d'achever le canal. La catastrophe arrive même alors plus vite encore qu'on ne s'y attend, on se trouve en face de déceptions qu'on n'avait même pas imaginées, et que fait-on? On déclare à l'assemblée du mois d'août que les choses vont mieux qu'on ne l'avait pensé! Ces déclarations sont là, on peut les lire. Des documents établissent qu'on n'avait même pas pu exécuter les travaux sur l'exécution desquels on comptait, et l'on annonçait que ces travaux dépassaient les espérances !

Et l'avocat général esquisse ici l'espèce d'embauchage pratiqué à cette époque sur les souscripteurs. Les de Lesseps entendaient avoir, non pas seulement des victimes, mais « l'union » parmi leurs victimes, et une « union » organisée, surveillée, disciplinée. On exige de ceux qu'on dépouille qu'ils marchent comme un régiment. On ne leur permet pas de murmurer. Silence dans les rangs pendant qu'on retourne les poches ! Et l'on commence une incroyable tournée de conférences. Ferdinand de Lesseps, Charles de Lesseps, tous les Lesseps donnent. Ils battent l'estrade. Le canal, à les entendre, se creuse à vue d'œil; il est même déjà creusé ! Il n'y a même plus d'isthme, c'est fait et, s'ils vous demandent de l'argent, c'est par intérêt pour vous. C'est qu'ils sont avant tout des patriotes, des démocrates, des républicains, des Français, et qu'ils seraient désolés que tous les Français ne devinssent pas millionnaires en souscrivant à leur isthme. On connaît déjà le procédé du télégramme. M. Rau le rappelle, et quelqu'un me raconte, en même temps, que le « Grand Français » avait encore trouvé mieux. Il arrivait à certains meetings avec sa petite fille, et jurait sur sa tête, devant la foule en délire, que le canal était creusé, qu'on allait l'inaugurer, et que la fortune de tous les bons citoyens était faite !

* * *

Les mots heureux, les démonstrations ingénieuses ou spirituelles ne manquent même pas au réquisitoire. Les énormes gains de M. de Lesseps y sont appelés des « honoraires d'apostolat », la campagne des conférences y est comparée à « ces tournées de province qu'entreprennent les acteurs à leur déclin », et les opérations de M. Eiffel y donnent lieu à cette amusante comparaison :

— C'est exactement, dit M. Rau, comme si vous aviez loué un cheval, comme si vous lui aviez teint la crinière, et comme si vous le vendiez à son propre propriétaire.

C'est le *tour Eiffel* !

La péroraison atteint à la grande et forte

éloquence, et toute la salle se sent remuée à cette exécution des accusés :

— Vous vous dites des hommes de foi? Où sont les sacrifices personnels que vous avez faits? Où sont les millions que vous avez tirés de vos coffres pour les mettre dans l'affaire? Vous n'y avez jamais risqué un sou. Vous aviez la foi, quand il s'agissait de l'argent des autres, mais vous ne l'aviez plus, quand il s'agissait du vôtre !

19 janvier.

On ne se doute pas de la gloire de M⁰ Barboux quand on n'est pas allé au Palais.

— Comment, vous dit-on avec étonnement, vous n'avez jamais entendu Barboux?... Mais vous ne savez donc pas que Barboux...

Enfin, M⁰ Barboux passe un peu lui-même aussi pour un « Grand Français » dans son genre. C'est un petit homme tranchant, remuant, dominateur, et qui se caresse les favoris d'un air judicieux. Il y a un certain rapport entre Marius Fontane et lui. Tous les deux petits, tous les deux blancs, et tous les deux bavards, ils ont aussi tous les deux la même manie de vous dire des choses à l'oreille.

Mᵉ Barboux, seulement, vous donne des ordres, et Marius Fontane des conseils. A part cette nuance, ils sont tout à fait le même petit homme, et passent leur temps, pendant les plaidoiries, à se pencher ensemble l'un vers l'autre par-dessus leur banc, pour se faire mutuellement des confidences. On s'attend à voir leurs figures se cogner comme à Guignol.

Mais ne rions pas de Mᵉ Barboux, nous nous ferions mal juger, et, quand il se lève, en effet, se dressant sur ses petites jambes, hochant sa petite tête blanche, on ne se croirait plus même à l'audience. Il se fait un silence d'église, et toutes les bouches s'ouvrent, tous les yeux s'écarquillent, avant qu'il ait commencé.

— Messieurs, commence-t-il enfin d'une petite voix lente, avant même que M. l'avocat général eût pris la parole, je savais tout ce qu'il allait nous dire...

Et une période défile, chaque section de phrase soigneusement détachée, avec un mot en panache et d'autres en serre-file, comme un régiment dans une revue. Alors, on admire de plus en plus, l'auditoire est ébloui ! On voit des assistants sur le point de pousser des cris de joie.

Pourquoi, cependant, Mᵉ Barboux nous annonce-t-il toutes les cinq minutes l'anéantissement de l'accusation par un argument foudroyant, et pourquoi, au lieu du tonnerre, se borne-t-il à faire tomber sur nous la douche pulvérisée d'une petite pluie oratoire ?

— Messieurs, écoutez bien... Quand je vous aurai dit... Quand je vous aurai montré...

On se cale, on prête l'oreille, on tend le cou à se donner le torticolis, et Mᵉ Barboux, évidemment, va nous montrer quelque chose, mais Mᵉ Barboux ne vous montre rien. « Allons, se dit-on, ça n'est pas pour cette fois-ci, mais ce sera pour la prochaine, ça va venir, c'est imminent. » En effet, la petite voix se regonfle, et Mᵉ Barboux nous déclare qu'il va déchirer tous les voiles, que l'affaire a des dessous, qu'elle cache des mystères, des complots politiques, et qu'il « va laisser voir, derrière l'avocat général, non plus des adversaires, mais des ennemis... » Des ennemis ? Mᵉ Barboux signale des ennemis ? On se remet à haleter, il va se passer quelque chose, c'est bien cette fois que le tonnerre tombe... Mais il ne se passe rien, le tonnerre ne tombe pas, on ne voit pas d'ennemis, et Mᵉ Barboux, en fait de tonnerre et d'ennemis, se contente de nous lire une lettre d'où l'innocence de son client ressort à peu près aussi clairement que de l'histoire de Barbe-Bleue ou des Psaumes de la pénitence. Il innocente les de Lesseps comme eux-mêmes creusaient le canal.

L'un des talents de M⁰ Barboux est donc de vous « laisser en plan », mais il en a d'autres. Il cultive l'histoire et la littérature, et ne craint pas de nous servir une conversation de Gœthe avec M. de Humboldt sur le percement de l'isthme de Panama! Gœthe, paraît-il, était de l'affaire, et M. de Humboldt aussi. Comment voulez-vous, après cela, que M. de Lesseps soit coupable? Mais Gœthe et de Humboldt ne sont là qu'un éclair, une note piquée, et M⁰ Barboux, pendant une bonne heure, nous décrit ensuite l'ouverture du canal de Suez par son côté pictural, M. de Lesseps sous la tente, M. de Lesseps à cheval, M. de Lesseps au lever du soleil, M. de Lesseps procédant à ses ablutions, M. de Lesseps avec les Turcs, M. de Lesseps avec l'Impératrice, enfin M. de Lesseps sous un arc-en-ciel. Cet arc-en-ciel, nous dit M⁰ Barboux avait toujours paru à M. de Lesseps le signe certain de la réussite. C'était pour lui ce que

« l'homme de la campagne » est pour les tireuses de cartes. Il y voyait le château de la Chesnaye et les « bas de laine ». Comment ne pas conclure, après cet arc-en-ciel, à l'acquittement des prévenus?

Et Christophe Colomb? N'allons-nous pas trouver aussi dans ses malheurs de quoi innocenter les hommes de Panama? M⁰ Barboux n'y a pas manqué, et sa littérature l'y a conduit tout droit. Il y avait, d'ailleurs, dans la salle, quelques avocats « littéraires » qui attendaient la comparaison avec une indescriptible émotion. Ils l'ont eue, en ont pleuré, et M. le Premier lui-même en était tout palpitant. Il aime à entendre « bien causer », et l'histoire de Christophe Colomb l'« empoigne ».

— Admirons, messieurs, dit-il d'un air heureux en comprimant d'un geste les applaudissements de certains stagiaires qui n'y tenaient plus et devenaient fous d'enthousiasme, admirons, messieurs, admirons, mais tâchons d'admirer tout bas !

Quant à la haute raison de M⁰ Barboux, on ne peut vraiment pas la contester non plus, et nous la retrouvons spécialement dans sa façon de comprendre les créances. Pour lui, d'abord, les souscripteurs de Panama ne sont pas ruinés. Ils ont bien perdu leur argent, mais, à cela près, ils l'ont encore! En outre, on commet une erreur en racontant que la Compagnie leur doit ce qu'on prétend. Elle leur doit bien assurément quelque chose, mettons un milliard, *mais on leur en paye les intérêts*, et chaque année, par conséquent, *on leur en doit un peu moins*. Attendons quelque temps, et, rien que par ce petit jeu, on ne leur devra bientôt plus rien. M. Hugo Oberndœrfer n'a peut-être pas inventé la loterie, mais Mᵉ Barboux a certainement inventé cette nouvelle manière d'entendre les intérêts.

Et quel beau mouvement sur Napoléon Iᵉʳ !

— Comment, messieurs, s'écrie Mᵉ Barboux, on est venu dire à M. de Lesseps : « Souvenez-vous des obstacles rencontrés à Suez, souvenez-vous de la mauvaise chance qui a failli tourner contre vous, et contentez-vous de cette première victoire, arrêtez-vous, restez sur Suez! » Et M. de Lesseps serait resté sur Suez!... Mais, messieurs, si quelqu'un, après Marengo, était venu dire à l'Empereur : « Sire, vous êtes vainqueur, mais rappelez-vous les difficultés du combat, et contentez-vous de cette bataille, n'en livrez plus d'autres, ne risquez pas votre gloire, arrêtez-vous, restez sur Marengo ! » est-ce que l'Empereur, messieurs, aurait dû rester sur Marengo ?

Voilà de la grande et belle éloquence judiciaire, et Napoléon, avant tout, devait évidemment, d'après M⁰ Barboux, ne pas se priver de Waterloo !... Jamais un bâtonnier ne s'est élevé plus haut.

Aussi, sur le coup de cinq heures, remet-on la suite du plaidoyer à cinq jours. Les discours comme ceux-là veulent mariner, et tout le monde, d'ailleurs, était trop fortement impressionné. On se déclare ému, bouleversé, les mains sont moites, et on peut recueillir, en sortant, des conversations comme celles-ci :

— Voilà une fière leçon, mon maître ! dit un avocat à un autre... Profitons-en !... Profitons-en !

— Écoutons bien, dit-on dans un autre groupe, nous n'entendrons jamais rien d'aussi beau !

Et M⁰ Barboux, modestement, prenait entre ses mains les mains de ses admirateurs, arrêtait leur extase par une petite tape amicale, et leur disait tout bas :

— Taisez-vous !

24 janvier.

Mᵉ Barboux continue...

25 janvier.

Toujours Mᵉ Barboux, et pour toute la journée....

C'est la « troisième écluse », et le président, malgré son admiration, commence à se lasser un peu. Il y a des moments où il est très rouge, d'autres où il s'enlève du cou son cordon de lorgnon et s'amuse, dans son fauteuil, à en mesurer les deux bouts en clignant de l'œil...

26 janvier.

Mᵉ Barboux, enfin, termine magistralement par un récit de la vie de Caton le Censeur, et Mᵉ du Buit lui succède.

Mᵉ du Buit, lui, a la figure hâlée et glabre de ces mathurins qu'on voit aller et venir dans les ports au milieu des câbles. C'est le même teint de bronze clair, les mêmes yeux hardis, le même visage maigre, la même nervosité de maxillaires. On se le figure en vareuse, avec une chique entre les dents. Il défend Marius Fontane, s'exprime solidement, avec beaucoup de clarté, et son procédé vaut la peine d'être analysé sur un exemple.

Voilà le fameux grief du traité Couvreux et Hersent... Tout au début, un congrès scientifique évalue à douze cents millions le percement du canal. Or, douze cents millions, c'est trop cher, le chiffre effrayerait le public, et les de Lesseps recourent à Couvreux et Hersent, qui établissent, eux, leur évaluation à six cents millions, c'est-à-dire à moitié moins.

— Vous avez trompé *sciemment* le public, déclare ici la prévention, car l'évaluation du congrès vous avait éclairés, et vous n'en avez pas moins annoncé à grand fracas l'achèvement de l'œuvre pour six cents millions. Vous avez usé *d'un traité de complaisance.*

Comment Mᵉ du Buit va-t-il répondre? Il jouera simplement sur le mot « travaux ».

— Comment pouvez-vous, dit-il en substance, opposer l'évaluation du Congrès à l'évaluation Couvreux et Hersent?... Je vais vous prouver, devis en main, traités sur la table, que ces deux évaluations ne sont contradictoires qu'en apparence.

Et il étale les traités et les devis, les compare, et prouve, effectivement, ou semble prouver par des chiffres, que le congrès, à peu de chose près, évalue *les travaux* aux mêmes prix que le traité Couvreux et Hersent. La prévention a donc tort? Pas du tout! Seulement M⁰ du Buit ne parle *que de certains travaux,* et néglige habilement de parler de six cents autres millions *d'autres travaux d'un autre genre* prévus par le congrès, mais laissés de côté par Couvreux et Hersent. Il enterre la partie de vérité qui le gêne sous la partie de vérité qui lui est utile, et tout l'art du Palais est là.

31 janvier.

M. Cottu est-il innocent? M⁰ Martini l'affirme, mais d'un air qui en fait douter. Son lorgnon d'écaille, sa tête camarde et réjouie, son dos rond, sa bouche en tirelire et ses grandes manches en ailes de corbeau, lui donnent quelque chose de si invinciblement goguenard, qu'on se demande, malgré soi, quand il parle d'innocence, s'il ne s'agit pas d'une innocence pour rire.

— Messieurs, nous dit-il en tordant la bouche d'un côté, avec un œil un peu plus ouvert que l'autre, savez-vous comment *M'sieu* Cottu s'est trouvé mêlé à l'affaire de Panama? Il avait dix-huit ans, messieurs, quand on a inauguré le canal de Suez, et l'idée lui prend, à ce moment-là, d'aller à l'inauguration par curiosité, en touriste. Une fois arrivé, seulement, il voit des choses si extraordinaires, il est frappé d'une telle admiration qu'il se fait présenter à M. de Lesseps, s'attache à lui, et qu'il ne peut plus le quitter. C'était la foi!

Et même le coup de foudre. M⁰ Martini ne dit pas le mot, mais l'idée y est, et il continue :

— Alors, *M'sieu* Cottu accompagne M. de Lesseps à Panama, et là, messieurs, qu'est-ce qu'il voit? Des dragues, des machines, *trois cents locomotives!*... Messieurs, je vous le demande, comment *M'sieu* Cottu n'aurait-il pas eu la foi? Et *M'sieu* Cottu, messieurs, devient membre du Conseil d'administration à dater de cette époque-là... Et voulez-vous encore une preuve, messieurs, que *M'sieu* Cottu avait bien la foi?... Il est allé à Lisbonne pour obtenir du gouvernement portugais l'autorisation de faire travailler des nègres qui se trouvaient sur une côte... Allez donc dire, après ça, que *M'sieu* Cottu n'avait pas la foi!...

On n'imagine pas le pittoresque de cette causerie. Avec son rabat blanc, sa grosse tête braquée entre ses deux épaules, son ton de gros entrepreneur qui discute à la bonne franquette en tapant sur la table aux endroits délicats, il met un art véritable dans le débit de certains passages, des alternatives de vigueurs subites et de rouauries gaies, une verve toute particulière de grosse bonhomie narquoise, et une irrésistible pantomime.

— Ah çà, mais dites-moi donc, finit-il par s'écrier, est-ce qu'il n'y aurait plus, par hasard, que *M'sieu* Cottu qui croirait encore au canal de Panama?... Je veux bien que *M'sieu* Prinet n'y croie pas, lui! Je le comprends. Je ne lui en veux pas... Mais il y a eu *M'sieu* Brunet... Il est mort, c'est vrai... Mais il y croyait aussi, lui, au canal de Panama!... Et *M'sieu* Monchicourt? Qu'est-ce qu'il fait, *M'sieu* Monchicourt?... Liquidateur!... Il est liquidateur... Et qu'est-ce qu'il liquide, comme liquidateur? Comme liquidateur, *M'sieu* Monchicourt ne liquide rien.

C'est un liquidateur qui ne liquide pas, *M'sieu* Monchicourt! Et pourquoi?... Pourquoi *M'sieu* Monchicourt est-il un liquidateur qui ne liquide rien?... Est-ce que ce serait qu'il ne serait pas fâché de faire durer longtemps pour lui une situation lucrative?... Oh! oh! oh!... Oh! messieurs... Oh! messieurs... *M'sieu* Monchicourt!... *M'sieu* Monchicourt, messieurs, est trop au-dessus d'un pareil soupçon!... Mais pourquoi donc, alors, ne liquide-t-il pas, *M'sieu* Monchicourt?... Pourquoi, messieurs, pourquoi?... C'est qu'il sait que ce n'est pas fini... C'est qu'il attend un événement, *M'sieu* Monchicourt! C'est qu'il croit aussi au Canal de Panama, *M'sieu* Monchicourt! C'est qu'il a aussi la foi, *M'sieu* Monchicourt!... Vous voyez bien, messieurs, qu'il n'y a pas que *M'sieu* Cottu...

*
* *

Il y a un certain supplice que connaissent toutes les maîtresses de maison; c'est le supplice de la *visite qui ne s'en va plus*. Non pas qu'elle soit désagréable! Non, pas du tout, et le monsieur est même très bien, d'esprit distingué, d'excellente compagnie. Bon ton, bonne tenue, bon tailleur, bon cordonnier! La figure est intéressante, la conversation choisie... Mais le monsieur ne veut plus s'en aller. Il est comme collé sur sa chaise, il a l'air d'y avoir gelé.

Me Waldeck-Rousseau, comme avocat, est un peu cette visite-là. On ne peut rien lui reprocher, pas un faux pli à son rabat, pas un grain de poussière à sa robe, pas un défaut, pas un oubli, pas un mouvement, mais vous ne l'écoutez pas depuis une demi-heure, que vous vous sentez engourdi sous sa parole parfaite et morte, devant ses yeux de faïence, son visage immobile, sa figure de cire et son geste de coton.

Il défend M. Eiffel, et sa plaidoirie, d'une forme languide et mièvre, multiplie les documents et les chiffres. M. Eiffel, d'après Me Waldeck-Rousseau, est un métallurgiste de génie, un ingénieur babylonien, et se trouvait tout indiqué pour l'œuvre gigantesque de Panama. Pouvait-il avoir, d'ailleurs, un intérêt quelconque à se charger de ces travaux immenses? Pas le moindre, car il avait déjà toute la gloire possible, rien ne devait plus lui en donner, et c'était, en conséquence, par abnégation pure, nous dit

Mᵉ Waldeck, qu'il consentait à passer pour trente-trois millions de traités avec la Compagnie du Canal. Et pourquoi, toujours d'après Mᵉ Waldeck-Rousseau, l'entreprise exigeait-elle un entrepreneur aussi prodigieux que M. Eiffel? C'est qu'il y fallait des prodiges. Et Mᵉ Waldeck-Rousseau nous esquisse ici une description de l'ithsme bien touchée, mais qui ne donne pas envie d'aller y faire des écluses. Les eaux, à l'entendre, s'y infiltrent dans les parties rocheuses les plus dures, les désagrègent, et produisent, même dans le roc, de continuels éboulements. Les ruisseaux, en outre, se transforment en torrents en un clin d'œil, les torrents en fleuves, et les fleuves submergent tout. Il s'agit donc, dans un pays comme celui-là, non pas précisément d'exécuter des travaux, mais d'opérer des miracles. M. Eiffel est l'homme qui en fait, et M. Eiffel s'imposait.

D'accord! Mais si l'état de cataclysme est l'état normal de l'isthme, si la terre y change de forme tous les quinze jours, si on n'est jamais sûr de ne pas y retrouver un lac où l'on a laissé un pic, et si M. Eiffel est bien l'ingénieur sérieux dont on nous parle, comment, si miraculeux métallurgiste qu'il soit, pouvait-il s'en aller exercer honnêtement sa métallurgie là-bas, et de quel genre étaient les miracles qu'il allait y exécuter?

1ᵉʳ février.

Mᵉ Waldeck-Rousseau continue sa plaidoirie, mais que pourra-t-il dire? L'affaire, en somme, est finie, et la conclusion morale à en tirer est terrible. Elle tient tout entière dans la déposition d'un témoin, faite à l'une des premières audiences, et dont le souvenir plane encore sur les dernières.

On commençait à se fatiguer, quand un monsieur Jolly, une sorte d'homme de campagne, grand, énergique, avec des cheveux blancs en brosse, rasé comme un paysan, était introduit et venait à la barre.

— Eh bien! monsieur Jolly, qu'est-ce que vous avez à dire? lui demandait le président.

— J'ai à dire que je suis ruiné, monsieur le président, et ruiné par ces gens-là!

Et il se mettait à crier en montrant le poing aux prévenus :

— Quand j'ai eu tout perdu, je suis allé trouver ces messieurs, et leur demander ce qu'ils avaient fait de l'affaire... Mais ils m'ont répondu : « Ça ne vous regarde pas!... — Comment, ça ne me regarde pas!... Ça ne me regarde pas, l'affaire de Panama?... Mon argent ne me regarde pas?... — Non, m'a répondu M. Ferdinand de Lesseps... Et puis, quand il serait perdu, qu'est-ce que ça peut nous faire? — Ce que ça peut vous faire? que je lui ai crié alors... Ce que ça peut vous faire?... Eh bien! écoutez-moi bien! Vous êtes le Grand Français, n'est-ce pas?... On vous appelle le Grand Français?... Eh bien, votre nom de Grand Français, vous ne l'aurez plus... je le prendrai, et je le jetterai dans la boue! »

*
* *

10 février.

Et la cour, en effet, prononce les peines suivantes :

Ferdinand de Lesseps, cinq ans de prison.
Charles de Lesseps, cinq ans de prison.
Marius Fontane, deux ans de prison.
Henri Cottu, deux ans de prison.
Eiffel, deux ans de prison.

Le campagnard avait prévu l'arrêt.

LE PANAMA

A LA COUR D'ASSISES

---

8 mars 1893.

C'est le second acte qui commence, et que nous apprendra ce second acte? Charles de Lesseps parlera-t-il? D'autres le feront-ils, s'il ne le fait pas? Et l'imprévu? On a l'impression vague que tout ce qu'on sait n'est rien, qu'on n'en est encore qu'à des symptômes, et que personne ne peut se figurer les turpitudes de ces quinze ans de parlementarisme.

J'ai souvent remarqué la petite porte de chêne par laquelle entrent les témoins. Avec le serpent sculpté dans son fronton, juste au-dessus de l'inscription : *Entrée des témoins,* elle m'a toujours semblé symbolique... Les témoins entrent donc, un peu avant midi, et il en arrive un torrent. Ils se forment en groupe, vont se placer sur les bancs, remplissent bientôt la salle, et M. de Freycinet, M. Clémenceau, M. Floquet sont dans le flot. Est-ce un flot pur? Le premier va s'asseoir sur une banquette du milieu, et les deux autres, M. Floquet et M. Clémenceau, se retirent sur une banquette de côté. M. de Freycinet a quelque chose d'ahuri, M. Floquet se mange les lèvres, et M. Clémenceau est d'une pâleur verdâtre. Ils sont tous livides, ils ont des figures de terre. Peut-être se demandent-ils s'ils ne font pas un rêve, et si les cinq ou six cents têtes qui tournent autour d'eux ne sont pas un cauchemar?... Puis, les accusés entrent aussi : Charles de Lesseps et Marius Fontane; Baïhaut, ancien ministre; Sans-Leroy, ancien député; Béral, sénateur; Dugué de la Fauconnerie, député; Gobron, ancien député; Antonin Proust, ancien ministre...

Est-ce le jour de la salle? Charles de Lesseps paraît avoir maigri; sa figure s'est comme réduite et rembrunie; il a déjà trois mois de cellule il a pris le teint des prisons. Marius Fontane, lui, a toujours son même visage, mais ne cause plus. Baïhaut est insolent; il a l'air sec, l'œil effronté, et regarde obstinément au fond de la salle, comme les criminels de profession. Un comparse, un malheureux, M. Blondin, est tout prêt à sangloter, et sa vieille figure bouffie pleure sur sa grosse moustache blanche... Ils sont tous pâles, presque tous vieux, et baissent tous leurs yeux où il doit y avoir des larmes; Baïhaut, seul, affronte le public; il enjambe gaillardement sa banquette. Enfin, le greffier baragouine l'acte d'accusation, tout un défilé d'incidents préliminaires se déroule, et deux noms d'anciens agents de change sont prononcés dans ces conversations d'ouverture, Bex et Reumont. Qu'est devenu Bex? Il s'est tué. Où se trouve Reumont? Dans une maison centrale.

— De Lesseps, levez-vous.

Le président Pilet des Jardins succombe sous son embonpoint; ses mentons et ses joues forment comme des ballons de graisse sous ses petits yeux bouffis et sa huppe de cheveux pommadés. C'est à peine si la voix peut encore sortir de la bouche; elle n'est plus qu'un filet imperceptible de son nasillard, qui filtre mot à mot des favoris.

— De Lesseps, levez-vous...

Et l'on n'entend plus rien... On voit bien toujours les joues remuer, les mentons ballotter, la huppe de cheveux se pencher et se relever, mais on ne distingue plus un son. En s'habituant, cependant, à la longue, on saisit des bribes de phrases : « Voyage Rousseau... responsabilité... émission de valeurs à lots. » Puis, la voix ne peut plus passer du tout, et Charles de Lesseps, après toute cette bouillie de questions, finit par raconter, au milieu d'une grande attention, comment on avait fait, à la Compagnie de Panama, la connaissance du docteur Cornélius Herz.

— Monsieur le président, s'explique-t-il un peu nerveusement, mais avec une netteté singulière et d'un ton d'agression contenu, le docteur Cornélius Herz était le commanditaire du journal de M. Clémenceau, et M. Clémenceau, à cette époque, passait pour avoir des chances d'arriver au ministère, ou pour exercer tout au moins une influence sur les ministères dont il n'était pas... Nous ne pensions donc pas avoir intérêt à nous mettre à dos un personnage comme le docteur

Cornélius Herz ; il était même plutôt prudent de l'avoir pour nous... Or, il venait nous voir à chaque instant, nous demandait de l'argent, nous proposait des affaires. Il était toujours là. J'essayais, naturellement, de conserver avec lui des relations polies, tout en ne lui accordant pas ce qu'il réclamait, mais il revenait constamment à la charge, nous déclarait que les dépenses pour lesquelles il avait besoin de fonds intéressaient le Gouvernement, et finit, un jour, par me dire : « Mais vous ne voulez donc pas croire à mon influence?... Eh bien, je m'en vais vous prouver que vous avez tort... Êtes-vous jamais allé à Mont-sous-Vaudrey chez M. Grévy? — Non... — Et ça vous ennuierait-il de venir avec moi y passer quelques jours, simplement, sans cérémonie, *en famille?*... — Mais pas du tout! — Pas du tout?... Eh bien, quand partons-nous? — Quand vous voudrez. — C'est dit! » Et nous partions, en effet, quelque temps après, pour Mont-sous-Vaudrey, M. Grévy nous recevait avec la plus grande amabilité, et le docteur Cornélius Herz avait bien effectivement l'air d'être là, comme il l'avait dit, *en famille...*

De quelle interruption, à ce moment-là, le

président coupe-t-il ce récit qui l'agaçait, et auquel le rouge envahissait ses mentons? On ne l'entend pas, mais il essaye d'arrêter l'accusé, qui n'en continue qu'avec plus de verve, et riposte d'un coup droit :

— Monsieur le président, je ne demanderais qu'une chose, ce serait de n'avoir jamais connu le docteur Cornélius Herz. Mais je ne pouvais vraiment pas douter de l'influence d'un homme qui était à la fois tout-puissant chez M. Clémenceau, et tout-puissant chez M. Grévy !

Que réplique encore là le président Pilet des Jardins?... On ne peut toujours pas saisir ce qu'il remue dans ses mentons, mais on y perçoit cependant le mot de « Justice », et M. de Lesseps riposte de nouveau :

— La Justice, monsieur le président?... Elle agit quelquefois, et je m'en aperçois dans ce moment-ci... Mais elle agit quand elle veut... Et la preuve, c'est que nous avons eu à la saisir pour nous, et que nous n'avons jamais pu la faire fonctionner. On avait publié une dépêche annonçant la mort de mon père ; nous avons porté plainte, nous avons fait une enquête, l'enquête avait fourni des éléments de poursuite, nous

nous sommes remués, nous avons insisté, nous n'avons jamais abouti... On voulait étouffer la plainte, et l'on a étouffé la plainte!

A partir de cette sortie, l'accusé ne peut plus placer librement une seule réponse. A chaque phrase, presque à chaque mot, le petit filet de voix du président l'interrompt.

— Le Gouvernement...

— Laissez donc le Gouvernement!

— Mais, monsieur le président... on m'avait dit qu'il était d'usage...

— Pas d'insinuations...

— Mais comment donc, alors, voulez-vous que je m'exprime ?...

— Citez des noms...

— Mais vous ne me laissez pas...

— Alors, ne dites rien!

M. de Lesseps lève des bras découragés, on murmure, et le président l'interrompt toujours, mais le prévenu arrive, malgré tout, à raconter les histoires de Baïhaut, de Cornélius Herz et du baron de Reinach.

— Je n'ai pas, déclare-t-il, la prétention de justifier les cinq millions versés au baron de Reinach, mais je vais pouvoir les expliquer... Nous avons

reçu, un jour, en 1888, au moment de l'émission des valeurs à lots, la visite de M. Jacques de Reinach. Il m'entretint d'abord de quelques affaires, d'un air préoccupé; puis, il me dit tout à coup : « Je viens vous parler d'autre chose... J'ai besoin de douze millions qui me sont réclamés par le docteur Cornélius Herz. Il les veut, il faut que je les donne, et c'est vous qui allez *me tirer de là !* » J'ai répondu simplement : « Mais
« je n'ai pas à *vous tirer de là...* Nous ne devons
« rien au docteur Cornélius Herz, nous ne som-
« mes pas au courant de vos affaires avec lui,
« nous ne disposons pas de douze millions, et je
« dois vous laisser *vous tirer de là* vous-même. »
M. de Reinach, alors, est entré dans un si violent désespoir, que j'en suis resté stupéfait. Je ne parvenais pas à m'expliquer ce qu'il pouvait y avoir là-dessous, et je croyais, je dois l'avouer, à une entente entre lui et le docteur Herz pour nous soutirer de l'argent. Mais tout ce qui s'est passé depuis m'a prouvé que je me trompais... Il me semblait, néanmoins, si malheureux, il avait l'air d'avoir tellement perdu la tête, que je finis par lui dire exactement : « Écoutez, mon-
« sieur le baron, vous me paraissez victime d'un

« chantage. Le docteur Herz est un homme
« insatiable, nous le connaissons, et voilà ce qui
« va se passer : quand vous lui aurez donné les
« douze millions, il vous demandera votre pa-
« letot et votre chemise, et, une fois que vous
« serez tout nu, comme c'est aussi un homme
« facétieux, il exigera de vous que vous vous
« mettiez la tête en bas, les pieds en l'air, et que
« vous alliez, dans cette posture, de la Madeleine
« à la Bastille! » Il s'en alla complètement dés-
espéré, et il y avait quelques jours que je lui
avais refusé ses douze millions, quand une esta-
fette du ministère de la guerre m'apporta une
convocation à me rendre le soir même chez M. de
Freycinet... Je ne pouvais vraiment plus reculer,
car M. de Freycinet lui-même m'invitait à céder;
M. Ranc et M. Clémenceau s'en étaient aussi mê-
lés; M. Floquet intercédait de son côté. Tous ces
messieurs me sommaient courtoisement, ou con-
tribuaient à me faire sommer d'éviter tout procès du docteur Cornélius Herz au baron de Reinach... Je me rendis, je transigeai, je versai
cinq millions, et je croyais tout terminé, lorsque
M. Floquet, au bout de quelque temps, me rede-
mandait encore au ministère, et m'exprimait

le plaisir qu'il éprouverait à me voir, par une suprême gracieuseté, verser trois cent mille francs à des amis à lui... Le service était galamment demandé, termine alors M. de Lesseps avec une émotion amère, et je le rendis galamment, mais j'en avais assez!... En revenant à la Compagnie, je fis ouvrir un compte « Grand F... », on versa jusqu'à concurrence de trois cent mille francs un certain nombre de chèques à ce compte « Grand F... », et quand ce compte « Grand F... » fut épuisé, je dis : « Fermez, c'est fini! Cette fois, en voilà assez! »

9 mars.

Est-ce que M. Marius Fontane deviendrait décidément une victime sérieuse? Ce pauvre vieil homme de lettres est accusé de corruption. Ce bénédictin d'industrie est en prison. Ce scholiaste des isthmes se promène entre deux gendarmes! C'est une mauvaise plaisanterie de la Justice et de la société.

— Monsieur le président, déclare-t-il cependant avec sa bonne humeur ordinaire coupée seulement de vivacités d'auteur et de petites fusées d'amour-propre bien pardonnables, on me remit un jour la carte de M. Blondin, et il y avait au-dessous du nom : *Fondé de pouvoir du Crédit lyonnais*. Je n'avais jamais entendu parler de M. Blondin. Je crus bon, pourtant, de le recevoir, et il me dit tout de suite : « Monsieur, je suis chargé vis-à-vis de vous d'une commission désagréable; je viens vous demander de l'argent. » M. Blondin m'exposa alors qu'il était l'envoyé de M. Baïhaut, ministre des travaux publics, que M. Baïhaut était chargé par le Gouvernement de prendre une décision définitive à l'égard de la Compagnie, et que le Gouvernement cherchait des fonds...

— Mais êtes-vous bien certain que M. Blondin, en s'acquittant de la commission de M. Baïhaut, vous ait parlé d'un intérêt gouvernemental?

— Certain, mon Dieu! certain...

— C'était une impression.

— Oh! plus que ça!... M. Blondin, je le crois bien, me parlait d'un intérêt de presse, d'une campagne de publicité, de la nécessité de s'assurer certains concours de journaux, pour amener une hausse en Bourse... Le sort de nos obligations à lots dépendait de M. Baïhaut, et si nous ne consentions pas à la publicité, à la campagne de presse, à l'organisation de la hausse en Bourse, M. Baïhaut n'était plus pour nous!...

Et M. Fontane ne résiste pas ici à la tentation de nous instruire, au passage, sur les divers systèmes de publicité comparée. Il sourit, joint le pouce et l'index, et entame une conférence sur les moyens habituels de faire chanter les sociétés. Il nous ébauche, au pied levé, quelque chose comme une *Histoire universelle des camelots*.

La République avait, en M. Baïhaut, un ministre comme les gouvernements n'en ont pas souvent. Celui-là n'épilogue pas, ne chipote pas et ne tergiverse pas. C'est le Danton du pot-de-vin et le Romain des voleurs. La tête ronde et chauve, la barbe en fourche, l'œil aigu, avec un petit nez coupé sec, sous un front judaïque, dans une figure d'un gris de cendre, il commence d'une voix bien timbrée, ferme, qui a des poussées sonores et des virtuosités de tribune :

— Monsieur le président, je suis prêt à répondre à toutes les questions, mais je voudrais, auparavant, faire une déclaration à MM. les membres du jury et de la Cour...

Et, bombant l'estomac, plastronnant sous l'accusation :

— Messieurs, ma confession publique sera complète... Oui, j'ai failli au devoir et à l'honneur... Oui, j'ai commis le crime qu'on me reproche... Et je ne chercherai pas même un mot pour exprimer tout ce que je ressens, tout ce qui se passe en moi d'horrible et de douloureux, depuis deux mois que je suis dans ma cellule, face à face avec ma conscience... Ce mot, je ne ne le trouverais pas, et je ne comprends même plus comment j'ai pu faillir... Mais j'ai failli, je le répète, et je crois, cependant, pouvoir le dire, j'ai toujours bien servi la République et la France, *je suis un bon citoyen et un bon républicain !*... Et je songe à mon déshonneur, à ceux qui me sont chers, à tout ce qui m'attend, à tout ce que je laisse derrière moi... Je demande pardon aux miens, pardon à mes amis, pardon à mon pays... etc., etc.

Et la voix monte, s'enfle, tremble à certains mots, et grossit, à mesure qu'elle va, comme d'une colère sourde, d'une envie d'insulte et de défi. On éprouve, en l'écoutant, une sensation entre le ricanement et l'angoisse ; on a envie de rire, et on étrangle ; on ne sait pas si on va huer ou sangloter. Cet ancien ministre a du bandit et du fou, du repenti et du forban, du cabotin et du pénitent, et se met, dans la stupeur générale, à analyser son « état d'âme » au moment du crime, tout en continuant à nuancer sa voix.

— Ah! messieurs, l'idée tentatrice s'était présentée depuis longtemps!... Elle venait! mais je la repoussais... Elle revenait encore, et je la repoussais encore... Elle revenait toujours... et... un jour, messieurs, dans un moment de folie, dans un instant fatal...

Et, d'un geste foudroyant, il désigne tout à coup, comme l'incarnation de cette idée tentatrice et satanique, comme le Satan qui l'a perdu, le pauvre vieux Blondin, son ami Blondin, qui bavote et tremblote à côté de lui. Il s'accuse lui-même de tous les méfaits, de toutes les impudeurs, et renchérit même sur l'acte d'accusation, mais il entend, s'il est déshonoré, que les autres le soient aussi. Les de Lesseps et les Fontane racontent qu'il a couvert ses concussions d'un

prétexte d'intérêt gouvernemental? Mensonge !
Le malheureux Blondin, de plus en plus bavoteux et tremblotant, prétend qu'il n'a été, lui
Blondin, qu'un commissionnaire, et parle aussi
d'on ne sait quelle campagne de presse et de publicité? Mensonge ! Ils mentent tous, et la vérité,
la vérité absolue, c'est qu'il n'a jamais été question entre eux tous que du pot-de-vin le plus honteux, le plus vil, le plus cynique. Il se déclare
un coquin, mais veut absolument que les autres
s'avouent aussi coquins que lui.

*
* *

Auprès d'un pareil acteur, les autres ne peuvent que pâlir, et Sans-Leroy, Béral, Gobron,
Dugué de la Fauconnerie, ne laissent que des
impressions effacées. Mais n'est-ce pas une des
marques les plus sensibles de ce temps extraordinaire, qu'on puisse être député, sénateur,
ancien ministre, passer en Cour d'assises, et y
passer inaperçu ?

10 mars.

Un premier défilé de témoins produit assez peu d'impression, et n'apporte que des dépositions vagues ou contradictoires. C'est M. Robert Thierrée, employé de banque; son frère, Antony Thierrée; M. Propper, un banquier juif; puis, quelques députés, M. Rondeleux, M. Salis, M. Félix Faure. M. Salis, un gros homme chauve et rouge, à carrure solide et de voix forte, raconte que la majorité de la Chambre, à droite comme à gauche, avait chaudement pris parti pour la Compagnie de Panama, et couvrait toutes les objections de clameurs si systématiques que l'un des députés opposants, M. Félix Faure, ne parvenant pas à dominer les cris, avait jeté son dossier pardessus les sténographes.

— J'ai entendu un jour, continue-t-il, M. Yves Guyot nous annoncer qu'il avait vu le matin même, au conseil des ministres, M. Constans taper sur son portefeuille et dire : « J'ai là les noms de plus de cent membres qui ont touché, et je vais remettre la liste au Président de la République. »

M. Félix Faure dépose ensuite, mais déclare

ne pas croire à la corruption parlementaire; un autre député, M. Chantagrel, raconte, au contraire, qu'un nommé Souligou a tenté de l'acheter personnellement cent mille francs, et un petit jeune homme, le petit commis Paul Stéphane, dit avoir copié une liste de parlementaires vendus, qu'il a portée chez M. Clémenceau.

On n'imagine pas la figure de M. Floquet à son entrée dans la salle. Cette face toute glabre, crispée, tordue, crochue, pâle, verte, où persiste encore cependant comme une fatuité famélique d'ancienne actrice démolie, est effrayante de furie concentrée et d'avanies ravalées. Il y a bien là, d'ailleurs, deux milliers d'yeux ironiques ou malveillants braqués sur lui, et il est comme titubant, il zigzague. Lorsqu'il lève le bras pour prêter serment, sa main ne fait pas que trembler; elle bat l'air au bout de son poignet.

— Monsieur de Lesseps, dit en même temps le président, veuillez vous lever et dites ce que vous avez à dire.

Alors, M. Floquet s'appuie sur la barre, et

M. de Lesseps, très calme, commence en le regardant bien en face :

— J'affirme, monsieur le président, et de la façon la plus nette, sans craindre aucun démenti, tout ce que j'ai déjà dit dans ma déposition... Une personne, qui était M. Arton, vint me voir un jour, et me dit : « M. Floquet, à la suite « de l'élection du Nord, se trouve dans un « très grand embarras. Il aurait besoin de trois « cent mille francs, et m'a chargé de vous « demander si vous ne pourriez pas les mettre « à sa disposition sur vos frais de publicité. » Je répondis : « C'est un peu fort qu'il faille compter avec des exigences pareilles... Eh bien, si je fais quelque chose, je ne le ferai, dans tous les cas, que si M. Floquet me le demande lui-même. » M. Arton me répliqua : « C'est très bien, j'irai au ministère, et je vous rapporterai la réponse. » Effectivement, il revint, et me dit qu'on m'attendait au ministère de l'intérieur. Je m'y rendis, on m'introduisit, et M. Floquet, dès mon entrée, très courtoisement, d'ailleurs, et avec beaucoup de bonne grâce, me répéta exactement ce que M. Arton m'avait déjà dit : « Campagne du Nord... Plus de fonds

secrets... Besoin de trois cent mille francs... »
C'était clair, et je consentis. Je rentrai, Arton
revint encore, établit lui-même le compte, fixa
le nombre et le montant des chèques, on paya...
Et voilà les faits !

— Eh bien, répond alors en haletant M. Floquet, j'oppose la dénégation la plus formelle au récit qu'on vient d'entendre... M. de Lesseps vous raconte que j'aurais été ruiné politiquement après l'élection du Nord, et me prête des démarches et une façon de parler qui ne sont pas dans mon caractère... Eh bien, cette façon de parler et ces démarches, je les trouve humiliantes... Et comment donc !... Mon administration était ruinée ? Elle n'avait plus d'argent ? Mais, au contraire, lorsque j'arrivai au ministère, après M. Sarrien, en 1888, il y avait un reliquat de soixante mille francs, et les fonds secrets étaient absolument prospères... Et ce serait dans cette situation, quand non seulement je n'avais pas besoin d'argent, mais lorsque j'en avais de reste, que je serais allé solliciter la Compagnie de Panama, que j'aurais été demander une aumône de trois cent mille francs *à un de Lesseps*...

Des murmures commencent à circuler à ce mot-là, mais M. Floquet ne se possède plus, et continue avec colère, pendant que les murmures grandissent :

— Eh bien, non, tout ce que vous dites est faux! Et j'ai bien reçu, en effet, les de Lesseps! Et de Lesseps père! Et de Lesseps fils! Mais ils venaient me demander de ne pas m'opposer à la mise à l'ordre du jour de leur proposition de loi. Et ils devraient se souvenir de mon accueil... Et je leur répète que c'est faux... c'est faux...

— Pardon, répond tranquillement M. de Lesseps, toutes mes allégations sont absolument exactes.

— Et les miennes aussi! Sous la foi du serment, je le jure, les miennes le sont aussi!

— Eh bien! riposte implacablement M. de Lesseps, si l'état des finances politiques de M. Floquet était aussi prospère, s'il était resté des fonds secrets de l'année précédente, comme il l'affirme, comment donc, cette année-là, précisément, en manquait-on déjà, et recourait-on, ainsi qu'un autre ministre l'a avoué lui-même, à l'argent de M. Vlasto?

— Mais vous parlez de 1887, s'écrie M. Floquet affolé, et moi, je vous parle de 1888!

— Mais justement, répond M. de Lesseps. Et je vous parle à la fois de 1887 et de 1888. Vous dites qu'il restait de l'argent de 1887, et je vous prouve que non seulement il n'en restait pas, mais qu'il n'y en avait déjà plus à cette époque, puisqu'on s'adressait déjà à des banques particulières.

— Je ne vous comprends pas, dit alors rageusement M. Floquet. Je ne vous comprends pas... Je ne vous comprends plus du tout!... Je ne sais pas ce que vous dites.... Est-ce que vous croyez que je m'occupe de ces choses-là?...

Et il se met à crier et à bégayer avec des spasmes :

— Mais je répète... je jure... je maintiens... sous la foi du serment, que toutes vos allégations sont fausses !

— Et moi, reprend M. de Lesseps, je maintiens, je répète, je jure qu'elles sont vraies!

— Et moi, et moi, étouffe alors M. Floquet, je vous répète que mes allégations à moi... que mes allégations à moi...

On n'entend plus le reste... Une tempête de

huées et de cris part du fond de la salle, et l'audience est suspendue... Enfin, le silence se rétablit, on reprend, et, quand tout est terminé, lorsque M. Floquet, crispé, décomposé, a déjà traversé le prétoire pour s'en aller, l'un des avocats de la partie civile le fait rappeler.

— Pardon, dit l'audiencier, revenez, monsieur Floquet...

Et l'avocat :

— Pardon, monsieur Floquet, connaissez-vous Arton?

— Arton? balbutie M. Floquet exaspéré; Arton... Arton?...

Il veut s'en aller sans même répondre, arrive à la balustrade, et va encore sortir, quand un second avocat le fait encore rappeler.

— Mais revenez donc, monsieur Floquet, lui crie de nouveau l'audiencier.

Et le second avocat :

— Pardon, monsieur Floquet... Et Cornélius Herz?... Quels étaient vos rapports?

Cette fois, il proteste en sanglotant. Il n'a jamais connu Cornélius Herz... Il l'a rencontré dans quelques maisons, c'est vrai... mais il ne lui a même jamais parlé... Et il n'a jamais fait d'affaires avec personne! On ne trouverait pas son nom sur un seul prospectus...

— Bien, bien, dit l'avocat... Bien, monsieur Floquet... Bien, vous pouvez sortir...

Mais il y a encore d'autres avocats, et, pour la troisième fois, M. Floquet quitte encore le prétoire, quand l'audiencier lui touche encore l'épaule, et, le rappelant toujours :

— Pardon, monsieur Floquet...

Et le troisième avocat :

— Pardon, monsieur Floquet, est-ce que le baron de Reinach...

Encore un peu, et M. Floquet allait devenir fou... Mais on lui permet enfin de se retirer, et il sort en titubant, soutenu sous les deux bras par un grand diable à longue barbe qui l'attendait près de la porte.

11 mars.

On attendait un coup de tonnerre, et il a éclaté aujourd'hui, un peu avant quatre heures, avec la déposition de Mme Cottu. Elle a paru, et rien, à l'heure qu'il est, n'existe plus qu'elle. On a oublié M. Floquet, et M. Clémenceau, et M. de Freycinet, Elle a tout cassé, tout bouleversé, tout effacé de sa petite main.

Quatre heures vont donc sonner, et le président Pilet des Jardins marmotte à l'audiencier, de cet organe nasillard qui a peine à sortir de ses mentons :

— Faites entrer le témoin suivant.

Dans une mise noire fort correcte, on voit alors s'avancer une petite femme dont les cheveux vaguement argentés disent qu'elle n'est plus tout à fait jeune, mais dont la silhouette un peu frêle est encore jolie. Elle ôte son gant, lève la main, et décline son nom d'une voix si claire que toute la salle écoute sans respirer. Tout le monde pressent un drame, et le drame, en effet, commence avec sa déposition.

— Le 20 décembre dernier, dit-elle, mon mari était arrêté, et, une semaine après, M. Berton, son secrétaire, me racontait qu'il avait vu un M. Goyard... Je ne connaissais pas ce M. Goyard, et je ne savais pas même qui il était, mais il avait dit à M. Berton que le Gouvernement désirait étouffer le procès de corruption, et qu'on cherchait un arrangement. Quelques jours se passèrent, et M. Berton me parla de nouveau de M. Goyard... Il l'avait revu, et M. Goyard lui avait répété ce qu'il lui avait déjà dit. Il avait

même ajouté : « On est absolument bien dis-
« posé, on ne demande qu'à s'entendre avec
« ces messieurs... Il faut, seulement, un inter-
« médiaire, mais on ne sait à qui s'adresser...
« Mme Cottu consentirait-elle à être cet inter-
« médiaire? » Je répondis que je ne pouvais
pas me décider ainsi, que je voulais d'abord
voir ce M. Goyard, et savoir ensuite dans
quelles conditions les choses devaient avoir
lieu. M. Berton transmit ma réponse, M. Goyard
vint chez moi, et j'appris alors de lui-même
que les bases de l'arrangement étaient les
suivantes : « Non-lieu immédiat en faveur des
accusés, et silence absolu, en retour, de leur
part. » La proposition m'était faite, au nom
même du Gouvernement... Tout cela me semblait
bien étrange, et si étrange, que je tenais beaucoup à me l'entendre confirmer par quelqu'un
d'autorisé. Je le déclarai à M. Goyard, et, deux
ou trois jours plus tard, il revenait me dire que
l'on comprenait mes scrupules, et que je verrais
M. Bourgeois, le ministre de l'intérieur...

Toutes les têtes, à ce moment-là, sont immobiles, et Mme Cottu continue de son ton égal :

— Je fus encore plus stupéfaite... Mon idée

était que c'était un piège, et j'achetai la photographie de M. Bourgeois, pour bien connaître sa figure... Mais j'acceptai, je l'avoue... Mon mari était en jeu, et je ne pouvais pas refuser. J'exigeai seulement qu'on m'envoyât chercher par quelqu'un du ministère, et M. Goyard me prévint qu'on y consentait, à condition que je voulusse bien, de mon côté, prendre rendez-vous dans une maison tierce. Je n'y voyais pas d'inconvénient, on convint de se rencontrer chez M. Quillet, 14, avenue d'Antin, et, le 4 ou le 5 janvier, j'étais prête, lorsque M. Goyard se représenta encore, et me demanda si cela ne me ferait rien de me rendre d'abord au bureau de M. Soinoury, chef de la Sûreté générale, avant d'aller chez le ministre... Je n'y fis pas d'opposition, et, deux jours après, à trois heures, j'attendais chez M. Quillet, quand arriva bientôt un M. Nicolle. M. Nicolle me dit qu'il était chargé de me conduire, me fit monter en voiture, y monta avec moi, et me dit en arrivant au ministère : « Je vais vous introduire par l'entrée « du ministre, on ne vous verra pas. » Je répondis : « Pour moi, cela m'est égal. » Puis, il me fit passer dans un salon d'attente, y causa

avec moi pendant un instant, me mena au bureau de M. Soinoury, et m'y laissa seule avec lui... « — Eh bien! madame, me dit alors
« ce monsieur, que désirez-vous? Vous voulez
« me voir? — Mais non, monsieur, pas du
« tout ! — Comment, non ? — Mais non,
« puisque c'est vous qui me faites venir ! —
« C'est moi qui vous fais venir? — Mais oui,
« parfaitement! » Je finis par lui expliquer de quelle façon je me trouvais chez lui; il m'écouta, et me dit enfin, lorsque j'eus terminé : « Eh
« bien, madame, un arrangement... c'est un peu
« tard... M. de Lesseps a parlé, et M. Blondin
« aussi. Ils ont tous parlé, et beaucoup trop
« parlé! Ils en ont dit plus qu'on ne leur en
« demandait! » Je voulais me lever pour m'en aller, mais il me pria de rester, engagea l'entretien, et me demanda, dans la conversation, si je n'avais pas des *pièces compromettantes,* si « ces messieurs » n'en avaient pas, et s'ils ne consentiraient pas à s'en dessaisir... « Je ne
« sais pas s'ils en ont, lui répondis-je, mais
« s'ils en ont, pourquoi voulez-vous qu'ils s'en
« dessaisissent? — C'est que, s'ils en avaient,
« reprit-il, et s'ils en avaient, surtout, contre

« des députés de la droite, ce serait, vous
« devez le comprendre, d'une importance capi-
« tale pour le Gouvernement! » Et il insista
encore; il désirait quelque chose de bien com-
promettant, *de bien tangible.* Il ajoutait qu'il
m'autoriserait, en ce cas, à communiquer isolé-
ment avec « ces messieurs », et revenait toujours sur ce qu'on pourrait fournir contre un
député de la droite...

— Mais contre qui? demande le président à
Mme Cottu.

— Contre qui?

— Oui... Est-ce qu'il vous citait un nom ?

— Non, répond Mme Cottu en s'animant, il
ne me citait pas de noms, puisqu'il m'en demandait, et il insistait seulement sur ceci : *un député de
la droite!* Il répétait toujours : « Connaissez-vous
un député de la droite! » Et l'entrevue a duré
une heure quarante... Une heure quarante, il
m'a gardée là, chez lui, voulant à toute force
m'extorquer quelque chose, et recommençant
toujours à me proposer des permis de communiquer! « Mais non, monsieur, lui disais-je, c'est
« inutile, je n'ai pas besoin de permis, je ne
« veux voir que mon mari, je le vois dans le

« bureau de M. Franqueville, et ça me suffit,
« je ne veux rien de plus ! — Eh bien, me
« répétait-il, ça ne fait rien, prenez-les tout de
« même, et allez voir ces « messieurs » ! Enfin,
au bout d'une heure quarante, M. Nicolle reparut, me reconduisit à ma voiture, et, le lendemain, — c'était un dimanche, — je revenais de la
messe, lorsque je le retrouvai encore chez moi...
Il apportait les permis ! « Mais, monsieur, lui
« dis-je, à lui aussi, mais je n'en veux pas, de
« ces permis ! — Mais si, mais si, madame,
« insista-il alors comme M. Soinoury, voyons,
« prenez-les... Tenez, ils sont en blanc, et vous
« mettrez dessus vous-même, comme vous l'en-
« tendrez, *les heures, les jours* et *les nombres de*
« *fois...* » Mais je ne cédai pas, je lui rendis
ses permis, et il finit par sortir de chez moi.

Tout le monde, à ce moment-là, se sentait à
la fois atterré et soulagé... Toutes les mains
allaient applaudir... Un rien, et les bravos tonnaient...

Mais l'avocat général était déjà debout.

— Monsieur le président, dit-il assez ému, si
la déposition de Mme Cottu est exacte, la conduite suivie envers elle aurait été criminelle...

Je demande à la Cour d'entendre comme témoins M. Nicolle et M. Soinoury.

Et M⁰ Barboux, en se levant à son tour :

— Monsieur le président, pour la manifestation absolue de la vérité, je demande que M. Nicolle et M. Soinoury soient immédiatement appelés, et qu'ils soient entendus tout de suite...

On entend d'autres dépositions, mais on ne les écoute pas, et la seule à laquelle on s'intéresse un peu est celle de M. Berton, le secrétaire de M. Cottu.

— Monsieur Berton, lui demande le président, quel est « M. Goyard » ?

Mais le témoin ne le sait pas exactement... Goyard? Qui ça, Goyard?... Chacun fait ses suppositions, et les faisait encore au bout d'une heure, quand l'huissier introduit M. Soinoury, et lorsque le président ordonne à l'audiencier :

— Faites approcher madame Cottu...

La confrontation restera comme l'une des plus prodigieuses qu'on ait jamais vues au Palais. M. Soinoury et M. Nicolle, deux beaux hommes décorés et mûrs, avouent à peu près tout, sous toutes sortes de demi-réticences ennuyées et ahuries, devant le geste décidé de Mme Cottu, qui se plante devant eux, les regarde, leur répète leurs conversations, et leur rappelle leurs démarches.

— Mon Dieu! en effet, convient M. Soinoury... Oui... sans doute... Dame!... que voulez-vous?... Je cherchais à avoir des renseignements... Les reporters en cherchent bien!... Mais Mme Cottu a peut-être cependant ajouté un peu trop de foi à ses nerfs, à son imagination...

— Et moi, grogne M. Nicolle d'une voix caverneuse, je dois avouer, effectivement, que je suis allé chercher Mme Cottu... Mais je pensais que c'était elle qui avait demandé audience...

— Ah! pardon, pardon! s'écrie alors M⁰ du Buit avec le bondissement du triomphe définitif. Je pose ici une question à M. Nicolle et je lui demande s'il est d'usage, quand une personne demande audience, de l'envoyer chercher par un agent?

— Mon Dieu... non, dit M. Nicolle.

— Et je demande ensuite à M. Nicolle s'il est

encore d'usage, quand cette personne a demandé audience, non seulement de l'envoyer chercher par un agent, mais de ne vouloir aller la chercher que dans une tierce maison?

— Mon Dieu... mon Dieu... répond encore M. Nicolle, non, non...

— Et je demande enfin à M. Nicolle, poursuit Me du Buit avec férocité et comme avec une envie d'éclater de rire, si, lorsque c'est bien une audience qu'a simplement demandée cette personne, il est de plus en plus d'usage que l'agent, non seulement aille la chercher, non seulement aille la prendre dans une tierce maison, mais encore ne la quitte pas, la suive jusqu'au cabinet du directeur de la Sûreté générale, et ne consente à la laisser seule que lorsqu'il l'a menée jusque-là?

Et M. Nicolle convient toujours :

— Mon Dieu... non... Évidemment non! évidemment non!

— Et Goyard?

— Goyard?

— Oui, Goyard?

— Qui ça, Goyard?

— Comment? Vous ne connaissez pas Goyard?

— Mais non, déclare M. Soinoury, pas du tout. Je ne connais personne du nom de Goyard.

Et M. Nicolle, de son côté :

— Goyard? Non... mais non... Je ne connais pas de Goyard...

On en est, dans la salle, à l'hilarité haletante, et j'entends, en sortant, des hourras, des cris, des acclamations; j'arrive, je demande ce qu'il y a, et le commandant du Palais, le brave commandant Lunel, me dit lui-même, comme fou, avec des larmes dans les yeux :

— On l'acclame! on l'acclame!... J'ai serré la main de Mme Cottu!

13 mars.

Lundi... Le dimanche a passé sur les émotions de la dernière audience, l'enthousiasme provoqué par Mme Cottu, et les huées qui ont accueilli le ministre Bourgeois et ses agents; il y a comme une lassitude, et nous n'assistons guère qu'à des intermèdes.

D'abord, l'intermède Yves Guyot.

On se rappelle l'incident. Il s'agit de M. Constans tapant sur son portefeuille et disant à ses collègues : « J'ai là cent noms... Tous ont touché... Je vais remettre la liste au Président de la République. » L'intermède Yves Guyot peut donc être grave, mais M. Yves Guyot ne se présente pas, s'excuse dans une lettre, *et réclame la faveur de garder le silence dans un intérêt d'État.*

— Monsieur Mège, demande alors le président à l'un des trente ou quarante députés cités dans l'affaire, avez-vous entendu le propos de M. Yves Guyot?

— Oui, dit M. Mège.

— Et vous, monsieur Cafarelli?

— Oui, répond M. Cafarelli.

— Monsieur le président, réclame l'un des avocats, je demande que M. Constans soit cité.

Mais l'avocat général se lève et réclame de son côté :

— Monsieur le président, *je m'oppose absolument à ce que M. Constans soit cité.*

*
* *

Autre intermède : l'intermède Chantagrel.

M. Chantagrel est un député intègre, celui-là même qu'un nommé Souligou voulait acheter cent mille francs, et l'interrogatoire, depuis trois jours, le ramène continuellement à la barre, et le renvoie s'asseoir continuellement. Il finit par s'en indigner, et pousse des cris de passion, malgré sa prononciation branlante et marécageuse, qui dénote une mâchoire où ne reste plus une dent.

— Monsieur, avait-il déjà crié hier à Mᵉ Barboux qui le taquinait, vous n'avez pas le *dloit* (le droit) de conclure de la *pauvleté* à la *colluption*... Eh bien, oui, je suis *pauvle*, je suis *tlès pauvle, pauvle* comme Job, mais sans le fumier, monsieur, que je vous laisse à vous !

Et il crie aujourd'hui, dans un tremblement d'exaspération :

— Ah çà, mais c'est *tlop* fort ! c'est *tlop* fort ! On dirait que c'est nous qui sommes les accusés, maintenant !

Et Goyard, ou Goliard ?... Mettons Goliard...

Eh bien, il existe, il habite même quelque part, et nous allons revoir, avec lui, Nicolle, Soinoury et Mme Cottu !

C'est un gros garçon suant comme une éponge, d'un rouge de homard cuit, la tête plaquée de ramenages, et le nez chevauché d'un binocle fumé, au-dessus du bel allongement d'un nœud de cravate groseille. C'est Goliard! On dirait le Gambrinus de l'apéritif, et il s'avance en brave, dans l'orage d'un paletot-sac ouvert et volant.

— Alors, vous êtes Goliard?

— Oui, monsieur...

Et d'une voix chaude, accidentée de trémolos :

— J'ai connu M. Berton, monsieur le président, il y a environ deux ans. On se voyait au café, avec des amis, et je tiens d'abord à dire que je ne suis pas de la police... Je proteste, monsieur le président, et avec indignation !... Enfin, je voyais donc M. Berton, et, au moment du 7 décembre dernier, on se voyait même tous les jours...

— Où ça?

— Au café, monsieur le président... Et, tenez, je suis si peu de la police que je m'en vais vous dire une chose... Il y a à peu près trois mois, justement au mois de décembre, on me dit un jour que M. Berton devait aller à Lyon...

— Et où vous disait-on ça?

— Au café... Et je dis : « A Lyon ? Mais, ça va bien ! J'ai à y aller aussi, à Lyon... Nous allons y aller ensemble. » En effet, je pars avec lui, on arrive, on se retrouve le soir au café avec des amis, et voilà bien, monsieur le président, ce qui vous prouve que je ne suis pas de la police, c'est qu'ils me disent tous, le lendemain : « Eh bien, vous en avez, vous, du monde à vos trousses quand vous sortez !... Hier, quand vous êtes parti, il y avait des gens qui vous suivaient pour voir où vous alliez coucher, et ils étaient déjà dans le train quand vous y êtes monté... On vous a filé depuis Paris. » Et c'est comme ça que je suis de la police, poursuit Goliard avec un tremblement d'émotion ; on dit que je suis de la police, et c'est moi que la police file !... Mais je vais vous dire pourquoi j'y suis allé, moi, au ministère, et je veux qu'on sache comment, et je m'en vais vous l'expliquer... Eh bien, monsieur le président, continue-t-il d'une voix vibrante, je suis pour la reconstitution de Panama !... J'y crois, moi, au Panama ! Je fonde même en ce moment-ci un journal pour le soutenir, et, en revenant, dans le chemin de fer, M. Berton, tout en causant, m'apprend que

M. Cottu est allé en Portugal avec un traité qui lui assure trente mille nègres du Mozambique!... Alors, qu'est-ce que vous voulez? ça m'a emballé, et j'ai dit à M. Berton : « Écoutez, tirons M. Cottu de là. — Mais oui, me dit M. Berton, tirons-le de là; mais comment? — Comment?... Bah!... il suffit de s'ouvrir une porte au ministère de l'intérieur... J'ai justement un ami que je vois souvent au café... Tenez, laissez-moi donc faire! » Enfin, nous arrivons à Paris, et je cours le jour même au ministère... J'entre... Je ne savais même pas où j'allais... Je me disais que j'irais à la première porte, au hasard... On m'indiquerait toujours bien le bon endroit!... Et, tout à coup, qui est-ce que je rencontre?... Mon ami!... Je lui parle, je m'informe, il me propose de me mener à un bureau, je veux bien, il m'introduit... J'étais chez M. Nicolle... Alors, monsieur le président... Mon Dieu, j'ai peut-être été un peu loin, un peu loin, c'est vrai, j'ai peut-être un peu pris trop de choses sous mon bonnet, mais je vous le répète, j'étais complètement emballé, et j'ai dit à M. Nicolle : « Écoutez, il y a en ce moment des scandales en Allemagne, des scandales en Italie, il ne faut pas qu'il y ait des scandales en France... Étouffons... Ces messieurs du Panama ont leurs poches pleines de cadavres, ils vont parler, ça sera fâcheux... Mais on pourrait peut-être s'entendre... Étouffons !...

— Et qu'est-ce que vous a répondu M. Nicolle ?

— Qu'il ne pouvait rien par lui, mais qu'il en référerait à ses chefs... Alors, j'ai raconté ma visite à M. Berton, je suis revenu voir M. Nicolle, puis je suis retourné voir M. Berton, puis je suis encore revenu voir M. Nicolle, et puis j'ai vu Mme Cottu, je l'ai revue, et puis M. Nicolle, et j'ai arrangé l'affaire, et j'ai même indiqué M. Quillet... Mais, à partir de là, monsieur le président, je ne suis plus absolument pour rien dans tout le reste... Seulement, il y a une chose que je ne veux pas, c'est qu'on croie que je suis de la police... On peut dire tout ce qu'on voudra, on peut même dire que je suis une bête, mais je ne veux pas qu'on me dise de la police !... Je ne suis pas de la police, je n'en suis pas ! Je suis pour la reconstitution du Panama !

14 mars.

Une véritable torpeur a remplacé la fièvre

des jours précédents... Il pleut, on sent venir les plaidoiries, et nous n'écoutons plus qu'avec engourdissement. Qu'est devenu le public qui huait, qui applaudissait, qu'on expulsait, et qui rappelait le fameux parterre debout? La salle, à présent, fait penser à certains établissements de nuit où se réfugient les vagabonds; c'est toujours plein, mais on y dort. Goliard, Nicolle, Soinoury? Disparus! Mme Cottu elle-même, si elle reparaissait, aurait l'air d'une revenante. On dirait que, depuis la veille, il s'est écoulé un mois. Divers témoins continuent à défiler. M° Barboux lit une lettre qu'il a écrite à la Chambre; le président annonce que M. Yves Guyot persiste à se taire, mais tout cela reste dans le vague.. On sommeille.

Il y a, cependant, encore une déposition, ou plutôt une apparition, à laquelle on lève la tête. A un certain moment, dans la fatigue générale, et lorsque tout semble fini, un homme corpulent, serré dans une redingote, s'avance tranquillement à la barre. La figure est légèrement basanée, le nez en lame busquée, et les deux yeux bridés, qui sont peut-être gris, mais qui ont une malice noire, luisent sous un bonnet de cheveux blancs. Il marche en prenant son temps, à son aise, et porte un peu gauchement sa redingote, comme s'il n'était pas fait pour en porter une. Il n'a pas l'air d'être dans ses habits.

— Voulez-vous dire votre nom?

— Parfaitement.

Et le gros monsieur répond :

— Constans, sénateur, ancien ministre...

Alors, il y a un mouvement de réveil, comme une surprise de n'être pas plus surpris, et M. Constans, d'ailleurs, se borne à dire très brièvement, avec une bonhomie particulière :

— Monsieur le président, personne ne s'attend, évidemment, à ce que je raconte ici ce qui s'est passé au conseil des ministres. Je ne vois pas, seulement, pourquoi je ne répéterais pas ce que j'ai déjà dit, et ce que tout le monde sait déjà... Eh bien, je n'ai jamais eu aucune liste de noms, et je n'en ai jamais remis aucune, par conséquent, à M. le Président de la République. Quant à avoir mis la main sur mon portefeuille, ce n'est pas beaucoup plus exact, et je n'ai vraiment qu'un regret, c'est que mon ancien collègue, M. Yves Guyot, ne soit pas là. Je suis sûr, s'il était venu, que nous nous serions entendus...

Maintenant, je ne peux pas en dire davantage... Au moment de la loi, j'étais en Chine et je ne suis revenu qu'après le vote. Je ne sais donc absolument rien, et si, plus tard, par hasard, j'avais appris quelque chose comme ministre, je l'aurais oublié en ne l'étant plus...

Un murmure imperceptible s'élève dans la salle mal dégourdie, et M. Constans ajoute encore quelques mots, mais on ne les saisit pas bien... On croit seulement l'entendre dire qu'il arrive de la campagne, et qu'il n'est au courant de rien. Puis, il retraverse le prétoire en regardant toujours sur son chemin. On le dirait venu là pour compter les morts après la bataille finie.

Et c'est bien la fin de la bataille. On entend cependant encore des choses graves. L'un des administrateurs de la Compagnie, dans le but de justifier certaines dépenses, a remis, nous dit-on, au liquidateur, un pli scellé contenant cent soixante et un noms, et M° Barboux dépose toute une collection de bons détachés d'un block-notes, d'où il ressort d'une façon décisive que M. Floquet a bien décidément demandé à la Compagnie trois cent mille francs de fonds secrets distribués par Arton. Voilà chaque bon avec les chiffres et les numéros correspondant à certains talons de chèques déjà connus et visés, et l'écriture d'Arton lui-même en travers... Mais rien ne secoue la lassitude, et l'on ne sait plus, d'ailleurs, ce qui pourrait être assez pimenté ou assez liquoreux pour le public. Un député voleur, un homme du monde escroc, un ministre maître chanteur, tout cela n'est plus que du sucre d'orge !

21 mars.

Enfin, voici le dernier jour, celui du verdict, et la foule est revenue, la vie a reparu, après une semaine d'arguties et de plaidoiries. La salle est comble, et l'on se demande anxieusement ce qui sortira tout à l'heure de l'immobilité du jury, ce qui se cache dans la cervelle de ces douze inconnus qui se croisent tantôt les bras, et changent tantôt la main dont ils se tiennent le menton.

Mᵉ Demange défend Antonin Proust avec une volonté désespérée de le sauver. Il recourt au raisonnement, à l'éloquence, à la discussion froide, à l'adjuration chaleureuse.

— Mais que vous représentent donc, s'écrie-t-il énergiquement, que vous représentent donc, comme argent touché, les quatre parlementaires qui sont là? Ils vous représentent cent vingt mille francs! Et on a donné trois millions!... Qu'est devenu le reste?... Où sont ceux qui l'ont pris?

Il semble, par son geste, vouloir secouer les jurés par leur paletot, mais les jurés ne bougent pas... L'un se frise la moustache, l'autre fait des dessins devant lui avec son doigt, un troisième contemple le plafond...

— Et vous iriez reprocher, continue à tonner M⁰ Demange, vous iriez reprocher à M. Antonin Proust ses relations avec le baron de Reinach!... Mais c'était, à cette époque, l'homme le plus considéré de Paris, le baron de Reinach! Il était l'ami, l'associé de M. Ribot, de M. Ribot le président actuel du conseil des ministres. Et qui donc, en effet, était alors directeur du *Parlement?* M. Ribot!... De qui le *Parlement* était-il le journal? De M. Ribot!... Et qui commanditait le *Parlement?* Qui fournissait l'argent dont vivait le *Parlement?* Le baron de Reinach!... Et à qui, ensuite, M. Ribot a-t-il vendu ses actions du *Parlement?* Au baron de Reinach!... Qui les lui a rachetées et qui les lui a payées? Le baron de Reinach ! M. le baron de Reinach !... Eh bien ! faites-vous un crime à M. Ribot d'avoir été l'ami du baron de Reinach?... Non?... Pourquoi en feriez-vous un à M. Antonin Proust?

Et le geste s'acharne à secouer les douze hommes du banc d'en face, à tirer d'eux un tressaillement, à leur communiquer un frisson, mais ils ne bougent toujours pas, s'effilent la barbe en regardant les corniches, pendant que les accusés, immobiles aussi, mais d'une immobilité différente, écoutent avec émotion. Leurs profils ne quittent pas leur position, et tout en haut, sur le dernier gradin, M. Antonin Proust, dont le nom revient comme un refrain dans les supplications de l'avocat, et de qui rien, en effet, ne justifie sérieusement la présence là, se tient adossé au mur, sans un mouvement, fermant les yeux et renversant la tête.

... C'est fini ; les jurés délibèrent... Ils ont gagné leur salle d'un pas traînant, et tout le monde se demande toujours, dans le bourdonnement et la cohue des couloirs :

— Qu'est-ce qu'ils vont faire?... Qu'est-ce qu'ils vont bien pouvoir faire?...

On calcule, d'abord, qu'ils en ont au moins pour quatre heures, sinon même pour cinq ou six. Trente-trois questions leur sont posées, et leur lecture seule, sans délibération, ne peut déjà pas prendre moins d'une heure. En admettant, dès lors, cinq minutes d'examen et de discussion consacrées en moyenne à chaque question, ce qui paraît le minimum, on arrive à établir, presque mathématiquement, le temps nécessaire à la reddition du verdict... Il est deux heures dix... On ne saura rien avant six heures...

Mais certains reporters semblent avoir des informations spéciales, et vous disent en haussant les épaules :

— Bah! ça ne sera pas si long... *On compte, à la Chambre, sur le résultat avant cinq heures...*

Comment et par quels calculs peut-on savoir, à la Chambre, que le jury aura rendu sa sentence avant cinq heures, quand on a la certitude, au Palais, qu'il ne peut pas la rendre avant six?... On ne songe même pas à prendre l'information au sérieux, et la foule continue à bourdonner dans la salle des Pas perdus. Il y a là des avocats, des directeurs de journaux, des députés, des porteurs de dépêches, des camelots, des gens en guenilles, et jusqu'à des vélocipédistes en sueur, avec leur foulard au cou et leur pantalon pincé aux chevilles. On cause, on discute, on se promène, on se livre à des pronostics, on fait des paris, et l'on raconte que les jurés, à l'une des dernières audiences, étaient vivement indisposés contre certains avocats qui avaient mis leur main en abat-jour sur leurs yeux pour les regarder, quand la sonnette retentit, et lorsqu'on se précipite, tout stupéfait, pour rentrer. Comment? Quoi? La délibération est déjà finie? On avait compté sur quatre heures, et elle n'en avait duré que deux !

Mais on n'était pas au bout de l'étonnement, et nous apprenions, cinq minutes plus tard, ce que nous réservait le jury... C'était, sauf pour de Lesseps, condamné à un an de prison, Baïhaut, condamné à cinq ans, frappé d'une formidable amende, dégradé civiquement, et le malheureux Blondin, condamné à deux ans, c'était... un acquittement général pour tout ce qui était sénateur ou député !

On fait alors rentrer les acquittés, et le pauvre

Marius Fontane, acquitté aussi, devient un instant fou de joie. Il se met à pleurer; on lui prend les mains, on les lui serre, on essaye de le calmer, mais il n'écoute rien, sanglote, et sort du banc en butant à toutes les marches, se relevant, retombant, se redressant, butant encore, et disparaissant enfin dans la porte comme dans la coulisse d'un Guignol...

* * *

Mensonge, et mensonge éhonté, cynique, forcené! C'est le seul mot qui puisse résumer ce second acte du Panama. L'affaire n'a été, d'un bout à l'autre, qu'un mensonge immense. Le marché aux députés avait bien existé; il était même de notoriété publique. La salle des Pas perdus, au Palais-Bourbon, avait été transformée, à un moment, en un salon de Chambre de tolérance où les législateurs se vendaient à Arton. Et le Parlement, cependant, a-t-il été poursuivi? Pas du tout! On a pris quelques malheureux, et on les a jetés là, lâchement, pour amuser la férocité publique. Pourquoi M. Dugué de la Fauconnerie? Pourquoi M. Béral?

Pourquoi M. Gobron? Pourquoi M. Antonin Proust? Et les plaidoiries? Mensonge. Et le réquisitoire? Mensonge. Et les dépositions? Mensonge. Tout le monde, ou presque tout le monde, a menti. La salle des assises, pendant quinze jours, n'a pas cessé d'entendre des serments et de voir défiler des figures à faire tomber le Christ de son cadre.

LE VICAIRE D'ENTRAMMES

Si le temps était toujours à la formation des légendes, l'histoire de l'abbé Bruneau ne resterait pas seulement une affaire de cour d'assises, et viendrait encore s'ajouter aux vieux récits du pays Lavallois. La première chose qui, en effet, vous frappe à Laval, vous apparaît d'abord, est cette haute masse noire du vieux château, où se trouve aujourd'hui la prison, et qui est l'ancienne caverne à viols et à sorcelleries de Gilles de Rays. La première figure qu'on y voit, en voyant ainsi cette grosse tour dressée dans le ciel, est aussi la figure de « Barbe-Bleue ». On ne relève, évidemment, qu'une analogie très lointaine entre l'ex-vicaire condamné à mort et le baron démoniaque brûlé il y a cinq cents ans, mais il y a cependant entre eux un certain rapport monstrueux et sacrilège, et l'on se pose la même question à propos des deux. Comment, se demande-t-on, Gilles de Rays a-t-il pu entasser et accumuler tant de folies et d'atrocités, avant que le cri de la population se fît entendre, et comment, se demande-t-on aussi, un prêtre a-t-il pu, de notre temps, voler, incendier et tuer pendant des années, sans cesser un seul jour d'exercer son ministère, et sans que le Parquet ni l'évêché n'intervinssent?

***

Une vieille étude de Denis Bucquet sur la *Topographie médicale du territoire de Laval* contient cette analyse désolée de la race et du climat lavallois : « Nos vents les plus fréquents et les plus habituels sont ceux qui apportent, entretiennent et favorisent l'humidité, celui du nord-ouest, et surtout celui de l'ouest... Celui du nord nous apporte la pluie, la neige, les brouillards et les frimas... Les pluies sont fréquentes, et, une fois établies, elles persistent longtemps... Tout le pays est inondé l'hiver, mais la moindre sécheresse tarit tout... Les eaux sont troubles, dures et froides, fades et nauséabondes... L'eau de la Mayenne a toujours un coup d'œil louche... Nous ne connaissons pas le printemps... Le visage du Lavallois est un peu pâle et rarement animé de la fraîcheur et du coloris de la jeunesse ; il a l'œil terne, les cheveux plats, maigres et sans couleur... L'accroissement et le développement du corps sont très tardifs ; un nombre considérable de conscrits de dix-neuf ans ne présentent aucune marque de puberté... Il périt près du tiers des enfants avant la dixième année révolue ; avant la vingtième, il en meurt plus du tiers, et un peu moins de la moitié n'arrive pas à trente ans... Le Lavallois a un caractère indolent qui touche le mélancolique... un Lavallois ne fera jamais ce que ne font pas les autres ; il craint toujours les suites et les conséquences... »

Faut-il chercher, dans cette « indolence » et cette crainte des « suites », l'explication de ces séries de crimes impunément accomplis au milieu de l'indifférence et d'une sorte d'anesthésie ? Cette anesthésie elle-même n'est-elle pas la stupeur héréditaire d'une race autrefois surmenée d'horreurs, et qui vous rappelle les êtres dont l'enfance a trop souffert? Ces monstres d'impulsion et de vice, dont la frénésie se démène sur la torpeur générale, ne sont-ils pas aussi un effet nécessaire de la loi des compensations et des contrastes? C'est dans cette population et ce pays, quoi qu'il en soit, dans cette race dormante et pâle et ces paysages de bocages froids et d' « eaux louches », que nous voyons passer la silhouette damnée de l'abbé Bruneau, et c'est dans le vieux château, devenu dépôt des condamnés à mort, dans l'ancien repaire même de « Barbe-Bleue », que nous voyons finir le vicaire assassin.

***

Une longue et large route blanche s'allonge, au sortir de Laval, dans une campagne tout en monticules et en prés, très verte, toute coupée de haies, toute semée d'îles et d'îlots d'arbres où l'on aperçoit des toits de fermes, et s'enfonce dans le paysage en montant et en descendant comme un déroulement de montagnes russes. Au bout de quelques kilomètres, elle traverse un premier village, passe au pied d'une grande croix où pend un Christ colorié qui a presque la taille humaine, rencontre une auberge isolée où se lit le traditionnel : *On sert à boire et à manger*, et vous promène ainsi durant deux lieues, jusqu'au sommet d'une descente au bas de laquelle pointe la flèche d'ardoise d'une église, une flèche courte et noire, au fond d'un vallon vert sombre. L'église est au milieu du bourg, assez important et groupé autour de ce clocher en aiguille. Elle a quelque chose de neuf et de froid, et le presbytère y forme comme une aile. Très propre, très bien tenu, composé d'un rez-de-chaussée et d'un étage, et donnant directement sur la place, il comprend, au rez-de-chaussée, un corridor d'entrée, une salle à manger, un parloir, et aboutit, au bout du corridor, avant d'arriver à la cour, à une petite pièce en retour qui communique à l'église. C'est là que les enfants de chœur prennent leur leçon de chant, et qu'est placé l'harmonium de la paroisse. La cour, ensuite, est assez étendue, entourée d'un mur, avec un bûcher au fond, un poulailler, des communs, et mène au jardin par une petite porte. Ce jardin, en hiver, doit glacer le cœur. Au nord, sans arbres, dans l'ombre de l'église qui le moisit et qui le tue, on n'y voit que le ciel, des allées humides, des murs, et un puits bas, nu, laid, retiré, auprès duquel on a la sensation du désert.

Telle est la cure d'Entrammes, où l'abbé Bruneau était vicaire. Grand, mince, remuant, fébrile, étique, la figure osseuse et creuse, tout en mouvement et en muscles, avec un petit œil enfoncé, d'une mobilité noire, et un profil de corbeau, il remplissait ses fonctions de prêtre avec une régularité et des apparences de zèle irréprochables, disait sa messe, confessait, prêchait, s'occupait des enfants, allait voir les malades, aidait les pauvres, leur faisait même largement la charité, et trouvait encore le temps, avec toutes ses autres occupations, ses retraites, ses conférences, ses missions et ses catéchismes, de donner des leçons dans le voisinage. En général, les paysans l'aimaient beaucoup. Il était aimable, adroit, trop adroit, coulant, expansif à l'occasion, parlait bien, savait se faire valoir, ne refusait jamais un secours, n'avait peur de rien, se montrait partout, et se retrouvait toujours à son poste dès qu'il le fallait. Il y avait même une paroisse, à Astillé, où il s'était fait une véritable popularité, et, malgré tout, cependant, à bien des gens il inspirait plutôt une méfiance tacite, surtout aux autres prêtres, qui gardaient, d'ailleurs, le silence le plus profond. Par une coïncidence bien singulière, il arrivait toujours, en effet, un malheur ou un autre là où il était. A treize ans, il prenait des leçons de latin chez le curé de Voutré, quand on y avait volé quatorze cents francs. Plus tard, on volait aussi au petit séminaire de Mayenne à l'époque où il s'y trouvait, et presque tous les prêtres avec qui il était entré plus tard en relation comme vicaire, les curés des paroisses voisines chez qui il allait en visite ou en conférence, et ses propres curés, étaient volés. Ils cherchaient tous leur voleur, mais ne le découvraient pas, ou n'osaient pas le découvrir. La servante de l'un d'eux avait dit l'avoir vu, mais n'avait pas voulu parler ; elle avait fini par mourir folle en refusant de le révéler. Une nuit, à Astillé même, là où il était vicaire, un incendie avait pris au presbytère ; un autre s'y était encore déclaré moins d'un an après, et les lettres anonymes avaient commencé en même temps à parvenir au curé ; les murs de l'église s'étaient couverts de caricatures, de placards infamants pour lui, et le malheureux prêtre, dont tous les tiroirs étaient à chaque instant forcés, que son vicaire arrivait embrasser après chaque malheur, et qui se demandait tous les soirs, en se barricadant dans sa chambre, si on n'allait pas le brûler ou l'assassiner pendant la nuit, finissait par quitter le pays, abandonné même de l'évêque, et chassé par une persécution satanique. On n'avait pas accusé l'abbé Bruneau, et l'invraisemblance même de sa participation dans ce qui avait ainsi bouleversé et scandalisé la paroisse avait empêché qu'on ne l'accusât; mais tout cela était singulier : il n'était jamais quelque part sans qu'il y arrivât quelque chose, et l'on ne pouvait pas non plus ne pas remarquer ses continuelles sorties du soir. Il disait bien aller dans sa famille, avoir des affaires en ville, mais il n'en était pas moins étrange qu'il courût sans cesse les grands chemins dès que le soleil était couché, et il était toujours pris, à ce moment-là, d'un besoin de vagabondage. On entendait, presque chaque nuit, rouler une voiture, et une lanterne passait au pied de la Croix, devant l'auberge de la route... C'était l'abbé Bruneau qui allait à Laval, ou qui en revenait... Puis, le matin, le jour reparu, on le revoyait disant sa messe, visitant les malades, ou faisant chanter les enfants.

※
※ ※

Le 2 janvier, l'abbé Chelles, professeur au collège de Laval, en vacances pour la semaine dans sa famille à Entrammes, avait déjeuné chez l'abbé Fricot, le curé, qui avait été très gai pendant tout le repas. Après le déjeuner, l'abbé Bruneau envoya chercher une voiture dans le bourg. L'abbé Chelles devait reconduire son petit neveu à Laval; le vicaire et lui partirent ensemble avec le petit garçon, et, le soir, à six heures, les deux prêtres étaient tous les deux de retour.

Lorsque l'abbé Bruneau était rentré, le curé se trouvait dans la « chambre de l'harmonium », en train d'y faire ses comptes auprès du feu. Le vicaire alla l'y rejoindre; un ouvrier du pays vint en même temps leur y parler, et le « petit Lochin », un petit paysan qu'on employait à la cure, arrivait encore un moment après leur annoncer que les enfants de chœur venaient prendre leur leçon de chant. Le vicaire, seulement, avait répondu qu'il était trop tard, que M. le curé et lui étaient occupés, et donné l'ordre de les laisser tranquilles.

Personne, pendant environ une demi-heure, n'était plus retourné les déranger, et il était un peu moins de sept heures quand Jannette, la servante de la cure, leur renvoyait le petit Lochin pour leur annoncer le souper, et quand le petit garçon revenait lui dire que « monsieur le curé n'y était plus ».

Elle avait attendu alors un bon quart d'heure, mais ni le curé ni le vicaire ne venaient toujours, et l'harmonium, au bout de cinq ou six minutes, se faisait entendre dans la maison.

— Mais va donc voir! avait encore dit Jannette au petit Lochin.

Le petit Lochin était retourné à la chambre, le son de l'harmonium continuait à monter dans le presbytère, et la servante avait demandé de nouveau au petit paysan :

— Eh bien?... M. le curé n'est toujours pas là?

— Mais non!

— C'est M. Bruneau qui joue?

— Oui... mais je ne sais pas ce qu'il a.

— Qu'est-ce qu'il a donc?

— Je crois qu'il est en ribote!

Un instant après, en effet, on cessait brusquement de jouer, et le vicaire, tout trébuchant, arrivait dans la cuisine en racontant que le curé soupait dans le bourg. Puis, il montait dans sa chambre, en redescendait, se mettait à table, et disait à Jeannette de rester avec lui.

— Alors, lui avait-elle demandé, M. le curé soupe dehors?

— Oui... Il doit être allé chez Mme Ménard.

— Chez Mme Ménard?... Mais vous m'avez dit tout à l'heure que c'était chez M. Chelles!

— Je ne sais plus, répondait le vicaire en divaguant... Je suis inquiet... Ma belle-sœur est malade... Je ne sais pas au juste où est M. le curé... Il faudrait même s'informer...

Et il lui répétait encore, après le souper, de tâcher de savoir où il était, et sortait lui-même à chaque instant dans la cour. Il ne tenait même plus sur ses jambes, et l'on entendait dehors, quand il sortait, comme des bruits sourds et des effondrements.

— Mais qu'est-ce que vous avez donc? avait fini par lui demander la vieille bonne en le voyant revenir tout couvert de boue et de poussière... Vous vous êtes jeté par terre?... On dirait que vous avez bu.

Et elle lui avait éclaté de rire au nez.

* *
*

A onze heures, cependant, elle était allée, dans tout le village, voir où pouvait se trouver le curé, mais le curé n'était nulle part. Le vicaire s'était un peu dégrisé, il ressortit avec elle, et l'on se remettait à chercher. On réveillait l'abbé Chelles et sa mère; on repartait avec eux; on s'informait; on regardait dans les puits avec des lanternes, mais on ne découvrait aucune trace de rien, et personne n'avait vu M. l'abbé Fricot. Alors, on était retourné au presbytère, on avait visité les chambres, la cour, fouillé le bûcher, le jardin, l'église... A deux heures du matin, on avait renoncé aux recherches, et Mme Chelles et son fils s'étaient assis devant la cheminée de la cuisine, auprès de l'abbé Bruneau qui veillait avec eux.

— Est-ce qu'il ne vous semblait pas, leur disait-il, que M. le curé, depuis quelque temps, avait la tête un peu dérangée?... Oh! si, insistait-il en voyant l'air de stupeur avec lequel on l'écoutait, je vous demande pardon... Il avait des ennuis... Je l'ai vu passer hier soir devant la fenêtre de la petite chambre... Il avait la tête basse... il s'en allait du côté du jardin... Il aura dû se suicider...

Puis, il leur disait encore un peu plus tard :

— J'ai mangé cette nuit pour me soutenir, et je ne pourrai pas dire ma messe... Je vais aller à la Trappe demander un religieux pour me remplacer.

Il partait, en même temps, pour l'abbaye de Port-Salut, en revenait au jour et racontait, à son retour, que le Père Abbé les engageait à chercher encore, et leur conseillait même de faire sonder le puits du jardin... Et c'était bien là, en effet, qu'était le malheureux curé, et les gendarmes, une heure plus tard, en retiraient un cadavre à cheveux blancs et en soutane, la tête et la figure écrasées par les bûches, les pieds et les ongles tout usés par la pierre. On avait assassiné l'abbé Fricot! Et quel était l'assassin? Il ne pouvait y en avoir qu'un. Jeannette, l'ouvrier et le petit Lochin avaient encore vu le curé la veille à six heures; il avait disparu une demi-heure après, et le vicaire s'était trouvé seul avec lui à ce moment-là... Une somme de cinq cent cinquante francs avait été volée auparavant à la cure, et le curé avait imprudemment laissé comprendre qu'il soupçonnait son vicaire... La caisse de la Fabrique contenait de l'argent et des titres, et titres et argent n'étaient plus dedans après le crime. Qui avait la clef de la caisse? Le vicaire... Le curé faisait encore ses comptes dix minutes avant sa disparition, et ses livres avaient disparu avec lui le lendemain. Qui était là au moment des comptes? Le vicaire... Et il était comme ivre en se mettant à souper, titubait, trébuchait, ne savait plus ce qu'il disait. Il sortait dans la cour, dans le jardin, rentrait avec des traces de bûches sur sa soutane, et le curé avait été assommé avec des bûches. On entendait aussi, quand il était dehors, des bruits de chutes et d'effrondements, et les bûches jetées dans le puits produisaient justement des bruits comme ces bruits-là. Il y avait, enfin, dans sa chambre un mouchoir et une serviette tachés de sang, l'abat-jour de la lampe placée sur l'harmonium était marqué de sang, et, sur le clavier même, il y avait du sang!

※
※ ※

Le jour même, l'ex-abbé Bruneau, sur qui l'évêque jetait un peu tard l'interdit, était écroué à Laval, au vieux château, une instruction s'ouvrait, et tout un passé de crimes, ou véritablement inconnus jusque-là, ou seulement soupçonnés de gens qui n'avaient pas osé parler, se découvrait dans l'existence du vicaire. Les vols commis depuis des années chez tant de prêtres, les persécutions masquées qui avaient affolé de malheureux curés, les filouteries, les placards, les lettres anonymes, les caricatures, les incendies étaient de lui. Il avait escroqué des compagnies d'assurance, capté des héritages, dupé des vieilles femmes et des religieuses, assassiné, et mené, au milieu de ces coquineries et de ces meurtres, tout en se retrouvant toujours à l'autel tous les matins, une vie de débauches absolument célèbres dans les lieux de nuit et les mauvaises rues de Laval. Et tout cela se montrait, sortait de terre et des pavés; la légende et la complainte s'en mêlaient, chacun savait ou disait quelque chose, et l'enquête se poursuivait au milieu d'un fourré d'histoires et d'anecdotes où les bouffonneries ne manquaient même pas, par ce besoin de rire maladif qui reparaît toujours partout. Le vicaire, dans l'une de celles-là, avait séduit une fille, au moment des vêpres, dans la sacristie même. Les parents l'avaient su, étaient venus lui en demander raison et l'avaient menacé de se venger, mais Bruneau avait tout calmé en donnant à la fille... « une machine à coudre et un demi-cochon » !

* * *

Tel est ce qu'on pourrait appeler l'*extérieur* du crime d'Entrammes. Mais quelle a bien pu être, maintenant, la cause première d'une pareille existence de prêtre? Quelle genèse morale ou cérébrale y découvre-t-on? Et quel état d'esprit, sinon d'âme, doit-on, ou peut-on y voir d'autre part? Quel est, en un mot, dans cette vie de prêtre diabolique, ce qu'on pourrait aussi en appeler l'*intérieur?*

Un point des débats, passé à peu près inaperçu, éclaire cependant toute la vie de l'abbé Bruneau, et va nous y servir de lampe.

— Où avez-vous commencé vos études? lit-on au début de son interrogatoire.

— A Voutré, répond Bruneau, chez M. le curé Renaudot.

— Vous aviez alors *treize ans*, et M. le curé Renaudot vous a accusé de lui avoir volé *quatorze cents francs*.

— C'est la première fois que j'entends parler de ça, répond négligemment l'ancien abbé.

Et, plus loin, aux dépositions des témoins :

— J'étais le médecin de M. le curé Renaudot, déclare le docteur Sourdin, et il m'avait dit en confidence, en me parlant des *quatorze cents francs* volés chez lui : *C'est le petit gas Bruneau qui me les a pris*.

Et Bruneau, alors, demande ce qu'un enfant de *treize ans* aurait bien pu faire de *quatorze cents francs*, ajoute que ses parents n'auraient pas admis pareille somme entre ses mains, et proteste que sa famille est une famille estimable; mais le président lui répond :

— Non!... Le dossier et les témoins *disent le contraire*.

Est-ce que nous ne commençons pas à apercevoir une lueur? Voilà des gens peu estimés dans leur pays. Ils ont de l'ambition, des besoins, possèdent pour une cinquantaine de mille francs de terres sur lesquelles ils sont endettés d'autant, et ne vivent plus que d'emprunts, quand l'idée leur vient de pousser leur fils dans le clergé pour les aider à se tirer de gêne et à payer leurs créanciers. Où le placent-ils alors? Chez le curé. Et que fait le « petit gas » chez le curé, tout en s'y voyant déjà lui-même curé un jour? Il s'y prépare à son futur rôle de prêtre en y volant tranquillement quatorze cents francs pour ses parents. Et toute sa vie de voleur va découler naturellement de ce premier vol! A peine vicaire, il continue à voler; puis, il incendie, vole dans les incendies qu'il allume, touche les primes d'assurance, détourne des placements de fonds et des héritages. Et où s'en va, pour la plus grande partie, le produit de ces vols et de ces crimes? A sa famille, comme les quatorze cents francs du curé de Voutré. Les créanciers sont là qui s'impatientent, le bien hypothéqué attend sa délivrance, et il faut qu'il prenne tout ce qu'il peut prendre, qu'il raccroche les legs, les exécutions testamentaires, les économies des bonnes femmes. C'est sa mission secrète, sa raison d'être. Il n'est pas prêtre pour être prêtre, mais prêtre pour « rapporter », en vertu d'une épouvantable application de l'esprit paysan, et l'on est pillé partout où il est, on y retrouve forcés jusqu'aux « agenouilloirs des prie-Dieu ». Il est l'enfant de proie d'une race de proie, et n'a mis une soutane que pour cacher ses griffes.

A qui, d'ailleurs, s'adresse exactement dans les débats le mot flétrissant du président? Est-ce aux « parents » sans distinction, au père et à la mère, ou seulement à l'un des deux? Ici encore, nous avons une lueur, et ce qu'on dit peut nous éclairer. On plaint le père, mais on accuse la mère. Un démon tentait sans cesse l'abbé Bruneau, le harcelait, lui rappelait les besoins d'argent de la maison, s'insinuait en lui, le tenait, le possédait, et c'était sa mère. Qui donc voit-on déjà derrière le « petit gas », et qui reconnaît-on plus tard derrière le vicaire voleur, incendiaire et assassin? Elle! Elle n'est pas à côté de lui sur le banc des accusés, mais elle est derrière lui dans son histoire. Elle l'a élevé de longue main pour le sacrilège lucratif, comme d'autres mères, dans un autre milieu, élèvent leurs filles pour la prostitution, et nous avons là un type auprès duquel la « mère de fille » n'est plus rien : celui de « mère de mauvais prêtre » !

Et lui, dans quelles sensations de conscience a-t-il bien pu vivre? L'état de prêtre, comme il l'avait pris, laissait-il supposer encore, malgré tout, une possibilité de croyance, ou ne l'exerçait-il qu'en raison d'une effroyable absence d'âme et de sensibilité religieuse? A-t-il joué tranquillement un rôle abominable, sans se douter même qu'il l'était, ou l'a-t-il joué, au contraire, avec toutes les secousses d'un détraqué monstrueux mais non sans âme, et ressemblant à ce Gilles de Rays sur la terre duquel il était né? Dans sa prison, il croyait à sa grâce quand il voyait le jour se relever, et cessait d'espérer quand il le voyait finir. Que se passait-il aussi en lui, au temps où il était vicaire, quand il montait à l'autel le matin, au retour de ses tournées de nuit, et que se passait-il en lui le soir quand il repartait pour Laval pour ses débauches et ses crimes? Il paraît avoir été un mélange de tout à la fois, de cynique et d'insensible, d'être successivement erratique et pondéré. La nuit, dans sa vie de bandit et d'impulsif, il était grossier, bas, ordurier, vantard, ivrogne, passionné, emporté. Le jour, dans sa vie de prêtre, il était liant, facile, raisonnable, insinuant, beau parleur, et « commode à la cure », selon le mot de la servante Jeannette. Le soir du 2 janvier, il assassine en furieux et en fou; puis, une fois arrêté, en face de « son affaire », il n'a plus un mouvement de passion ni d'oubli. Il examine son procès froidement, pèse les charges, discute les preuves, juge le pour et le contre, ne voit plus que le « dossier », et n'envisage plus son salut que par le côté chicane et scolastique. Il a l'air d'étudier une affaire « civile ». On en arrive à voir en lui comme une harmonie entre l'homme qu'il est la nuit avec la nuit elle-même, et celui qu'il est le jour avec le jour lui-même. Il est double, et s'était mis tout entier dans ce fameux sermon de Forcé, où il avait raconté à des enfants l'histoire d'un de ses camarades de séminaire, « un de ses amis, presque un frère », que le péché avait mené jusqu'à l'échafaud, quand ce « frère et cet ami », c'était lui-même qui y allait.

— Dites-moi, était venu lui demander le curé après le sermon, est-ce vrai ce que vous avez raconté à ces enfants?

— Oui, lui avait-il répondu tranquillement, c'est vrai.

— Ce n'est pas un artifice de discours, et vous ne vous êtes pas rendu personnel, pour intéresser votre petit auditoire, un fait qui ne l'était pas?

— Non!

— Et vous pourriez sérieusement citer un de vos anciens condisciples de séminaire qu'on a condamné à mort et qui vous a écrit pour vous avouer, à vous, ce qu'il n'avait pas avoué à la justice?

— Oui, parfaitement... Et j'ai même sa lettre là.

— Vous avez sa lettre là?

— Oui... et elle ne me quitte même jamais, je l'ai toujours sur moi!

— Et vous pourriez me la montrer?

— Oui, je le pourrais, mais vous n'y verriez rien... Elle est toute déchirée, *elle ne tient plus... Je l'ai tellement relue que je l'ai usée!*

***

En repartant d'Entrammes, j'étais allé visiter la Trappe, et le Frère qui m'accompagnait dans la maison m'en avait déjà montré une partie, quand il me fit descendre au réfectoire.

Le dîner allait sonner, les Frères y rangeaient sur les petites tables les écuelles de légumes et les gobelets d'huile, et cette inscription sublime me frappa sur la muraille : *Peux-tu manger un morceau de pain sans l'avoir arrosé de tes larmes, quand tu penses à l'Humanité?*

— Mon Frère, demandai-je à mon guide en retournant avec lui à travers les cloîtres, vous devez avoir vu l'abbé Bruneau?

— Oh! monsieur, oui, souvent... Il venait souvent ici.

— Et vous ne vous êtes jamais douté de rien? Vous n'avez jamais eu de soupçons?

— Mon Dieu! monsieur, des soupçons, de véritables soupçons... non, jamais!... Et, tenez, cependant, depuis qu'on parle de lui, nous nous sommes rappelé bien des choses... Un jour, il était entré chez le Père cellérier au moment des comptes, et y était resté seul devant trois ou quatre mille francs qui se trouvaient là sur la table. Mais rien n'avait disparu... Il est vrai que le Père cellérier n'était sorti qu'une minute... Un autre jour, il nous avait fait remarquer, en nous montrant la clef d'un tiroir, et d'ailleurs en plaisantant, qu'elle était facile à imiter... Il donnait aussi des leçons de latin au fils de notre commissionnaire qui voyage fréquemment avec de grosse sommes, et je crois bien qu'il avait cherché deux ou trois fois à aller avec lui de nuit à Laval... Mais nous n'avons pensé à tout cela qu'ensuite... Nous n'aurions jamais songé à nous en inquiéter autrement.

Nous étions arrivés dans le parc, et je lui dis au bout d'un moment :

— Pensez-vous qu'il ait eu des remords?

Mais le Frère, à cette question, secoua la tête, et sourit :

— Des remords? Oh! non, monsieur... Il en avait peut-être eu, mais il n'en avait plus... On peut tuer sa conscience, tout comme on peut se suicider. Il suffit de commettre un péché mortel, et de communier ensuite avec l'intention sacrilège. Au premier sacrilège, vous ne serez peut-être pas tout à fait mort, et il vous en faudra peut-être un second, peut-être un troisième, peut-être même un quatrième, mais vous finirez toujours par *vous tuer* si vous le voulez bien, votre âme sera morte, vous ne sentirez plus rien, et vous pourrez alors commettre tous les crimes...

Vous aurez commis celui après lequel aucun autre ne coûte plus !

Il s'arrêta de parler, nous marchâmes un instant, et je lui demandai encore :

— Et quel homme était-il ?

— Oh ! me répondit-il, il était très bien... Il était très aimable... et surtout très intelligent... Il n'y avait que ses yeux... Ils étaient étranges, très noirs et très petits, enfoncés, étincelants, et remuaient perpétuellement... Mais il était bien, très bien, et personne même ne prêchait aussi bien que lui... On vous a raconté le sermon de Forcé ?...

Et le Frère se remit à sourire :

— Ah ! monsieur... Il y a chez nous une légende... Le Diable, au moyen âge, s'était transformé un jour en prédicateur, et avait fait sur l'Enfer un très beau sermon. Tout le monde, dans l'église, était dans la terreur et dans l'admiration. On n'avait jamais entendu parler si bien... Le curé, seulement, lorsque le Diable, c'est-à-dire lorsque le prédicateur eut fini, alla le trouver à la sacristie, le regarda bien, et lui dit en lui montrant le doigt : « Tu es le Démon !

— Moi, dit le Diable, je suis le Démon ? —

Oui, lui répèta le curé, tu es le Démon... *Tes paroles sont brillantes, mais elles ne touchent pas le cœur!...* »

Et la vérité, même pour l'abbé Bruneau, est bien dans cette légende. Son dernier souci, dans sa mort, a été de laisser de l'admiration aux hommes, et il leur en a laissé, mais n'est pas mort repentant. Il a marché à la guillotine la tête haute, sans faiblesse, sans aveu, après avoir théâtralement entendu la messe et communié. D'autres ont commencé par l'orgueil et ont fini par le crime. Il a commencé par le crime, et il a fini par l'orgueil.

FIN.

TABLE

Histoire d'une bande...................................	1
Entre claquedentistes...................................	55
Le mystère de Puteaux................................	63
L'homme brun..	73
L'affaire Deacon...	81
Le picoteur...	107
Un président...	113
Un coin de Paris...	117
Anaïs Dubois...	133
L'assassin de Nicaise....................................	143
La fuite Bex..	161
Michot..	189
Vodable...	205
Perrier..	211
Le Panama en correctionnelle........................	217
Le Panama à la Cour d'assises......................	283
Le vicaire d'Entrammes...............................	333